PIERRE LE GRAND,

TRAGÉDIE.

Se vend chez

Baudouin, Imprimeur de l'Institut, rue de Grenelle-Saint-Germain, n° 1131.

Desenne, Libraire,
Petit, Libraire, } Palais du Tribunat.

Huet, Libraire, rue Vivienne.

PIERRE LE GRAND,

TRAGÉDIE

EN CINQ ACTES,

PAR M. CARRION-NISAS;

Représentée pour la première fois au Théâtre Français de la République, le 29 floréal an XII.

PARIS.

BAUDOUIN, IMPRIMEUR DE L'INSTITUT.

PRAIRIAL AN XII.

PRÉFACE.

Cette tragédie était faite depuis cinq ans; il y en avait quatre qu'elle était reçue au Théâtre Français : ce seul fait répond à beaucoup d'impertinentes allégations.

On a essayé de la jouer le 29 floréal dernier.

Jamais on ne vit un tel tumulte : les journaux, un seul excepté (1), ont fait une peinture fidèle de ces dégoûtantes bacchanales.

Quatre ou cinq cents *amateurs* qui n'avaient pu trouver place dans l'enceinte de la salle ou dans les couloirs, sifflaient, hurlaient, trépignaient dans la rue; et quoiqu'à coup sûr ils n'entendissent rien, on les entendait jusqu'à la barrière des Sergens.

J'avais été averti à l'avance de ces projets et de cette burlesque conspiration.

Je crus à propos d'en donner l'éveil au public et d'en traiter les auteurs (ou du moins les instrumens) avec le mépris qu'ils méritaient.

---

(1) Le *Courrier des Spectacles*.

Je pense que l'événement a justifié ma précaution.

Cependant elle fut blâmée, même par des personnes amies.

Quelques-unes d'elles me firent connaître d'une manière obligeante leur étonnement de ce qu'ayant montré beaucoup de modération dans plusieurs occasions, même récentes, je m'étais laissé aller à tant de vivacité dans celle-ci.

Cette remarque serait en ma faveur.

Il en résulterait que je distingue assez bien les circonstances où la gravité de la matière commande la réserve et la circonspection, et celles où la frivolité de l'objet (de celui du moins qui sert de prétexte) permet des attaques plus vives et plus piquantes.

Il y a plus : une circonstance n'était pas sans gravité dans cette ridicule querelle.

Il faut avouer que le public lui-même a d'étranges momens de distraction ou d'injustice.

On a jeté les hauts cris au sujet de quelques plaisanteries dirigées à l'avance contre quelques perturbateurs, et à peine a-t-on fait attention à une accusation de *guet-à-pens* colportée dans tous les établissemens d'éducation de Paris contre un ci-

PRÉFACE.

toyen qui, en la dénonçant, prévenait que la preuve en était chez le magistrat (1).

Quoi qu'il en soit, et pour revenir au côté le moins sérieux de l'affaire,

Les perturbateurs et les malveillans dont j'étais menacé se partagent en deux classes, les *malins*, et les *enragés*.

Les *malins* ont l'air de siffler pour quelque chose. Quand leur tactique réussit, les bonnes gens sont ébranlés et croient trouver en effet mille défauts dans l'ouvrage; ils reviennent lentement et avec peine de leur prévention.

Les *enragés*, au contraire, sifflent, huent, hurlent à tort et à travers, n'écoutent rien et ne laissent rien écouter; ils révoltent les hommes impartiaux, et ne font aucun tort à l'ouvrage : aux yeux des plus éclairés, leur fureur aveugle est un hommage pour l'auteur.

C'est ainsi à peu près, si l'on peut comparer les grandes choses aux petites, que tant qu'on eut l'air d'entendre les accusés au tribunal révolutionnaire, les hommes simples crurent qu'on les jugeait encore.

---

(1) Voyez les journaux, notamment celui de *Paris*, des derniers jours de floréal.

Quand on ne les entendit plus, il fut manifeste qu'on les assassinait; et cet excès d'oppression, en ouvrant les yeux les plus fascinés, hâta le retour de la justice.

Il m'importait donc que ce fût le parti des *enragés*, et non pas celui des *malins*, qui l'emportât à la représentation de ma pièce, puisque je ne pouvais espérer ni bienveillance ni silence.

Avant mes lettres, je courais fortune que les *malins* eussent le dessus.

Mes lettres ayant excité la bile des autres, il en est résulté le train et le déchaînement que chacun a pu voir, et, dans l'opinion, un commencement de révolution fort salutaire.

Il y a long-temps que le parterre du Théâtre Français et celui des principaux théâtres de Paris sont infectés d'une engeance incommode de calembourdiers, de quolibetiers, de faiseurs de mauvais lazzis, et enfin de tapageurs et de brisebancs, qui perdent l'art, excèdent les artistes, étouffent les écrivains, et fatiguent le *public* au point d'en éloigner la plus saine partie.

Tout le monde soupirait depuis long-temps après le moment de voir rétablir un peu d'ordre dans les spectacles : toute bonne police introduit, jusque dans les jeux publics, une sage discipline.

PRÉFACE.

Quelques préjugés de prétendue liberté (car la véritable n'a rien à démêler avec cette question) résistaient encore. Tantôt on trouvait un prétexte au désordre et au tapage dans les défauts d'une pièce, dans ceux d'un acteur, ou dans telle autre cause qui n'avait rien de commun avec la véritable, laquelle n'est autre chose qu'un reste impur de l'esprit de licence et de faction qui, chassé de par-tout et n'ayant plus d'autre asile, faute de clubs, s'exerce dans les théâtres.

Pour rendre cette vérité palpable, il fallait un excès de désordre; il fallait que les perturbateurs offrissent l'exemple d'un insigne et grossier scandale.

Ils m'ont servi au-delà de mes espérances (1).

Ils n'ont point eu de prétexte, car ils n'ont éprouvé aucune résistance.

Je n'avais garde, n'en déplaise à un journaliste dont je n'ai pas reconnu la douceur (2) ordinaire,

---

(1) Le premier prairial une vingtaine de jeunes gens ont été repris de police et mis en prison : j'ai désiré que mes représentations fussent suspendues, afin de donner à ces jeunes gens égarés, dont plusieurs, par eux-mêmes et par leurs familles, méritent beaucoup d'égards, le temps de connaître et de détester les véritables instigateurs de tout ce désordre.

(2) Le *Publiciste*.

je n'avais garde de me composer ce qu'on appelle une *cabale* d'auteur pour *soutenir* ma pièce; la moindre *chiquenaude* donnée en mon nom aurait été travestie en assassinat prémédité : les bruits qu'on avait fait courir m'imposaient la loi politique de laisser faire tout le vacarme à mes adversaires. Dans tous les cas, que faire des *oreilles* d'un *siffletier*? Pas plus que *Ménechme* du *nez d'un marguillier*. Il était bien plus sage de les laisser, sans opposition, provoquer eux-mêmes les mesures que tout le monde invoque aujourd'hui et qui menacent la *gent siffletière* en *masse* de mourir de la *rage-mue*. Eux-mêmes se seront mis, selon une expression triviale, mais assez bien placée ici, la *corde au cou*, et leur aveugle passion les aura menés à leur perte, effet ordinaire de toutes les passions furieuses.

>Quos perdere vult Jupiter dementat.....

Ma pièce, dira-t-on, ne s'en est pas mieux trouvée.

Qu'importe si les hommes de lettres qui viendront après moi s'en trouvent bien?

>. . . . . Défendez-vous au sage
>De se donner des soins pour le *profit* d'autrui?
>LA FONTAINE.

Ma pièce est intacte; on va la lire, on va la juger pour la première fois.

Sans doute elle a des défauts, et beaucoup : mais

dans quelle proportion est le nombre ou la gravité de ces défauts avec le traitement que l'ouvrage a éprouvé ? Voilà la question qui est soumise au lecteur.

J'attends son jugement avec autant de respect que j'en ai peu pour celui que la folle cohue ameutée contre moi le 29 floréal et le premier prairial a eu la prétention de faire adopter au public.

Je ne veux point finir sans remercier les artistes qui jouaient dans ma pièce. J'ai beaucoup à me louer de leur zèle, de leur patience, de tous leurs procédés, et sur-tout je les plains d'être obligés par état de ménager de vains caprices dont il est si doux de rire.

PERSONNAGES.

PIERRE LE GRAND, Czar de Russie.   Talma.
ALEXIS, Czarowitz.   Damas.
CATHERINE, Épouse du Czar.   Mme Talma.
GLEBOFF, Évêque et Patriarche.   Monvel.
MENZIKOFF, Général du Czar.   Duprés.
LEFORT, Ministre du Czar.   Baptiste.
ORLOFF, Chef des Strélits.   Naudet.
HERMANN, Chef de la garde allemande du Czar.   Lacave.
BORIS, Boyard.   Varenes.
FOEDOR, Esclave, Confident de Gleboff.   Gonthier.

Boyards, Strélits, Popes, personnages muets.

La scène est à Moscow, dans le Kremelin, ou ancien palais des Czars; elle représente un vestibule de ce palais : sur un des côtés est un Bog représentant un Saint-Alexandre Neuwski.

La superstition grecque réprouvant les images taillées, le Bog est une simple peinture sans relief.

(Pag. 76, vers 9e : conduisez-nous : *lisez* conduis-nous.)

PIERRE LE GRAND,

TRAGÉDIE
EN CINQ ACTES.

ACTE PREMIER.

SCÈNE PREMIÈRE.
GLEBOFF, FŒDOR.

GLEBOFF.

Oui, cher Fœdor, avant que la nuit encor sombre
Devant le jour naissant ait replié son ombre,
Tout sera prêt. Moscow me verra dans ce jour
Ou suprême pontife, ou perdu sans retour.
Tout jusqu'ici fut vain : souplesse, audace, intrigues ;
Pierre d'un seul regard déconcertait nos brigues.
J'ai long-temps espéré, sous ce maître orgueilleux
Humiliant mon front, asservissant mes vœux,
Que la thiare un jour serait ma récompense ;
Mais j'ai lu dans son ame, et n'ai plus d'espérance.
Je profite aujourd'hui, pour un dernier effort,
De l'absence de Pierre et du bruit de sa mort.

Toi chez qui la prudence a su devancer l'âge,
Dont la discrétion égale le courage,
Dis-moi, puis-je compter, pour mes desseins hardis,
Sur les nombreux soutiens que ta foi m'a promis?

FOEDOR.

Sur tous, seigneur, sur tous.

GLEBOFF.

Leur as-tu su redire
Que Pierre allait changer le siége de l'Empire?

FOEDOR.

Je leur ai peint Moscow désert et désolé,
Et déja Pétersbourg à nos dépens peuplé.

GLEBOFF.

D'Iwan, du sombre Iwan as-tu flatté la rage,
Et son ardente soif de sang et de pillage?

FOEDOR.

Par d'horribles sermens il m'a donné sa foi.

GLEBOFF.

Je vais jeter le masque; il est pesant pour moi.
Ces murs vont réunir des chefs dont ma prudence
Entretient en secret l'heureuse intelligence.
Mais, sur le même avis, s'empressant à la fois,
Ils entrent. Toi, Fœdor, tandis qu'ici ma voix
Fera parler Dieu même à leurs ames émues,
Veille, et fais du palais garder les avenues.

SCÈNE II.

GLEBOFF, BORIS, ORLOFF, CHEFS des Boyards et
des Strélits.

GLEBOFF.

Pierre, dit-on, n'est plus! Chefs des braves Strélits,
Sages Boyards, en paix attendrons-nous son fils?
Alexis nous est cher, et sa fierté sauvage
Plut toujours à ce peuple et flatta son courage.
Pour nos lois, pour nos mœurs, nous savons son amour;
Mais sans péril, amis, pouvons-nous perdre un jour?
Des champs de Voronez les braves qui s'avancent,
Dans leur marche moins prompts déja flottent, balancent.
Si Moscow plus long-temps tarde à les avouer,
Ils reprendront le joug qu'ils osaient secouer.
Oui, si nous négligeons l'occasion offerte,
Nous signons à la fois notre honte et leur perte.
Ce peuple armé pour nous, prompt à s'en repentir,
Rentré dans le devoir n'en voudra plus sortir.
Un long abattement succède à sa furie;
Il la faut seconder. Cette voix qui nous crie:
« Frappez, vengez les loix, les mœurs de vos aïeux »,
Sort du sein des tombeaux, tonne du haut des cieux.
Ce n'est point une erreur. — La nuit couvrait le monde;
J'étais seul, je veillais, et ma douleur profonde,
Qui n'ose se montrer à de profanes yeux,
Implorait du Très-Haut le bras victorieux.

De soudaines clartés ma vue est éblouie ;
De sons religieux mon oreille est remplie ;
D'un saint ravissement tous mes sens sont surpris :
J'entends ces mots : « Gleboff, rassure tes esprits ;
» Je suis un messager d'espérance et de joie :
» Vos maux sont à leur terme, et le dieu qui m'envoie,
» Ce dieu qu'impunément Pierre crut outrager,
» L'a mis dans la balance et l'a daigné juger :
» Vous l'emportez ». J'entr'ouvre un œil débile encore :
C'était ce grand Neuwki que la Russie honore,
(Il montre le Bog.)

Dont Pierre osa bannir l'image de ces lieux,
Et qu'enfin j'y revois, graces à vos soins pieux.
Hâtons-nous d'obéir : un pouvoir sacrilége
Foule aux pieds des autels l'antique privilége.
Que tous nos droits vengés, nos honneurs rétablis
Frappent d'un doux aspect les regards d'Alexis.
Quatre fois le printemps a ranimé l'année
Depuis que la Russie, inquiète, étonnée,
Languit sans patriarche ; et Pierre a dédaigné
L'appui de ce grand corps par qui Pierre a régné.
L'église aux Romanoff a donné la couronne,
Et l'autel fut pour eux le marchepied du trône.
Mais quoi ! des étrangers l'abord contagieux
Alors respectait l'air qu'on respire en ces lieux.
L'évangile et l'épée aux mains de vos ancêtres
Consacraient le pouvoir des Boyards et des prêtres.
Ils en savaient assez. Heureux dans leurs déserts,
Ils laissaient à l'Europe et ses arts et ses fers.

Sous ce joug la prudence a plié mon courage.
Alexis, venge-moi de ce cruel outrage :
Remplace un maître injuste et viens prendre ton rang,
S'il est mort sur sa tombe et s'il vit dans son sang.

BORIS.

Oui, quelques soient ces bruits qu'on répand dans l'Empire;
Que le Czar, en effet, soit mort, ou qu'il respire,
Il faut, sans plus tarder, par un heureux éclat,
Rendre un chef à l'Église et des grands à l'État.
Un Lefort, par le Czar élevé sur nos têtes,
D'une orageuse cour dirigeant les tempêtes,
Disperse ses rivaux en cent climats divers,
Et de la Sibérie a peuplé les déserts.
C'est à lui cependant que Pierre, en son absence,
Et du sceptre et du glaive a remis la puissance;
Et le peuple innombrable en ces murs réuni
Se range en frémissant sous les lois d'un banni.
Sur ses traces déja de tous côtés s'empressent
Des Germains, des Français, des ingrats, qui délaissent
Le sol qui les vit naître, et les plus doux climats,
Instruits par l'avarice à braver nos frimas.
Tous, déployant sur nous leur funeste industrie,
Par leurs mœurs, par leurs arts, subjuguent ma patrie.
Un Menzikoff, nourri dans les plus vils emplois,
Que ma main d'un salaire honora mille fois,
Tous les jours dans les camps, dans les cours étonnées,
Des peuples et des rois pèse les destinées;
Et d'un faste superbe insultant les regards,
Ose représenter la majesté des Czars.

Mais quoi ! de ces faveurs le bizarre caprice,
Qu'est-ce auprès des affronts de notre impératrice ?
On la chasse d'un rang qu'avaient bien mérité
Et sa haute naissance et sa rare beauté :
Au fond d'un cloître obscur on la jette éperdue,
Et même de son fils on lui défend la vue.
Sachons venger ce fils, notre espoir le plus cher.
Le feu nous servit mal, ayons recours au fer.
Croyez-vous que le Czar pardonne ce ravage
Qui de ses arts chéris a consumé l'ouvrage,
Et de ses longs travaux fait un vaste bûcher ?
La main qui l'alluma peut-elle se cacher ?
Conspirer à demi c'est aggraver sa chaîne,
C'est montrer à la fois l'impuissance et la haine.
Que du fond de son cloître Eudoxie, à nos cris,
Vienne de ce palais chasser ses ennemis :
Par une audace prompte, autant que salutaire,
Proclamons Alexis : il vengera sa mère ;
Il vengera les grands, dont les fronts relevés
Feront trembler encore ceux qui les ont bravés.

(*Il se fait un mouvement dans toute l'assemblée, qu'Orloff et les siens ne partagent pas.*)

ORLOFF.

De vos nobles projets j'accepte l'espérance ;
Mais croyez d'un soldat l'utile expérience.
Toujours au premier rang, sur la brèche, aux combats,
Nous avons vu de près et bravé le trépas.
A des yeux qui jamais n'ont vu briller un glaive,
La prudence est faiblesse, et le péril un rêve.

Tel qui vécut toujours à l'abri du danger,
Souvent dans les hasards est prompt à s'engager.
Moi qui ne crains les noms de lâche ni de traître,
Je vois que dans Moscow Lefort est le seul maître;
Que ces fiers étrangers, sous ses lois réunis,
Méritent notre haine et non pas nos mépris;
Que leur courage est grand, que leur art est terrible;
Que la seule valeur ne peut être invincible;
Que pour faire marcher le peuple, les Strélits,
Que pour les faire vaincre, il faut voir Alexis.
(*A Gleboff*.)
Vous nous aviez promis que cette voix chérie,
Ranimant dans les cœurs l'amour de la patrie,
Et de nos rangs grossis enflammant la valeur,
Dans les rangs ennemis jeterait la terreur :
Nous l'attendrons. Ainsi s'explique la prudence
Des braves compagnons dont j'ai la confiance.
Ces guerriers éprouvés, de blessures couverts,
Ne craignent point la mort, mais craignent un revers,
Une attaque douteuse, où leur vertu trahie
Aggraverait le joug de la triste Russie :
Son intérêt nous guide. Ainsi nous pensons tous.
GLEBOFF.
Et vous ne craignez pas que le ciel en courroux,
Quand vous osez douter, quand, par de vains obstacles,
Vous combattez la foi qu'on doit à ses oracles,
Ne punisse à l'instant ce doute injurieux,
Et de vos ennemis ne dessille les yeux?
Vous savez qu'habitant de ce palais profane,
J'observe au milieu d'eux des mœurs que je condamne,

Et feins de les servir pour les mieux pénétrer :
Je frémis des horreurs qu'ils osent préparer.
Mais d'un succès heureux ma prudence suivie
Vous livre et vos tyrans et ce palais impie.
  (*A Orloff.*)
Et c'est vous, cependant, vous, guerrier généreux....
    (*A Orloff.*)
Mais, que vois-je? Alexis! Le ciel entend vos vœux.

SCÈNE III.

GLEBOFF, BORIS, ORLOFF, ALEXIS, CHEFS
des Boyards et des Strélits.

ALEXIS.

Oui, c'est moi qu'en vos bras un sort plus doux ramène.

GLEBOFF (*le recevant dans ses bras*).

Cher Prince !

ORLOFF.

  La victoire est maintenant certaine.
Nous ne voulions que lui, nous le voyons....

ALEXIS.

      Amis,
Il m'est doux de vous voir en mon nom réunis.
C'est vous, je l'ai bien su, dont la foi, la constance,
Depuis un an m'appelle avec impatience.
Comme vous à nos lois, à nos mœurs attaché,
De vos bras en pleurant je m'étais arraché.
Tous de ma fuite ici vous connaissez l'histoire.

TRAGÉDIE.

GLEBOFF.

Elle flétrit le Czar et fera votre gloire.

ALEXIS.

Vous me rendez justice. Oui, j'ai quitté ces lieux
Pour fuir les noirs transports d'un père furieux ;
J'ai fui ces étrangers, ces Russes infidèles,
Qui fondaient tout l'espoir de leurs grandeurs nouvelles
Sur son aveugle amour pour des arts corrupteurs,
Causes de ses revers et de tous nos malheurs.
Je n'avais pas vingt ans : au fond d'un monastère
Il venait, sans pitié, d'ensevelir ma mère.
Tant d'injustes rigueurs pour la mère et le fils
Donnaient aux courtisans le signal du mépris.
On craignait dans nos mœurs sa constance fidèle ;
On craignait mon amour et mon respect pour elle.
Menzikoff seul pour nous gardait quelques égards :
Je n'osais de Lefort rencontrer les regards.
Catherine régnait, et son maître idolâtre
Déja parlait d'hymen. D'une indigne marâtre
Les discours, les sermens ne me rassuraient pas :
Je fuyais, en un mot, les fers, ou le trépas.
Mais, chez les nations où m'a jeté ma fuite,
Ma raison, grace au ciel, n'a point été séduite :
Et je n'ai vu leurs mœurs, leurs arts, qu'avec courroux.

BORIS.

O retour! ô langage à tous nos cœurs bien doux!
Ainsi ces lois, ces mœurs que la Russie adore,
Sous votre empire heureux vont refleurir encore.

PIERRE LE GRAND,

GLEBOFF.

Oui, Prince, entourez-vous de vos vrais défenseurs ;
Livrez-nous nos tyrans et nos persécuteurs.
Et nous, au peuple alors rendant de grands exemples,
Des plus riches festons nous ornerons nos temples.
On dit, et je le crois, que Dieu même a pour vous,
Seigneur, contre le Czar signalé son courroux.
On dit qu'un ciel d'airain, une terre enflammée,
Ont, trois mois, sans combat, dévoré son armée.

ALEXIS.

Sans combattre, il est vrai, sous de brûlans climats,
Le Czar a vu périr la foule des soldats ;
Sous le glaive des Turcs l'élite en est tombée,
Et sa tête à leurs coups ne s'est point dérobée.
J'ai plaint son sort cruel ; mes larmes ont coulé
Sur le Prince imprudent et le père aveuglé :
J'ai plaint ceux qu'il traîna sous ses drapeaux funestes.
Je vous pleure sur-tout, tristes et faibles restes
De tant de bataillons naguères florissans,
Chez l'Arabe orgueilleux aujourd'hui gémissans.
Leur désastre est certain : plus d'un avis fidèle
M'en a jusque dans Vienne annoncé la nouvelle ;
Vienne que j'avais cru mon utile recours,
Dont je pressais en vain les superbes secours,
Et dont l'orgueil jaloux fondait sur mon absence
D'un long trouble en ces lieux la cruelle espérance.
De perfides amis par-tout enveloppé,
A leurs mains, à leurs yeux, je me suis échappé :
Je vous retrouve enfin ; et le reste du monde,
Objet de mes mépris, de ma haine profonde,

Disparaît à mes yeux; je ne vois plus que vous.
De votre seule estime Alexis est jaloux.
Amis, qu'à votre Czar votre constance est chère!
Parlez-moi de vos maux, parlez-moi de ma mère.
Déposez dans ce cœur pour vous toujours ouvert
Ce que vous avez fait, et ce qu'elle a souffert.

ORLOFF.

Prince, assez aux regrets nos cœurs furent en proie;
Faisons trêve aux douleurs, livrons-nous à la joie.
L'aspect des biens produit le prompt oubli des maux.
Les nôtres sont passés. Tremblez, tyrans nouveaux!
Pierre n'est plus! Son fils paraît à notre tête,
Et le jour du combat n'est plus qu'un jour de fête.

BORIS.

Prince, tous les Boyards s'expliquent par ma voix.

ALEXIS.

Annoncez-leur un Czar vengeur de tous leurs droits.

BORIS.

Disposez de leurs bras, ordonnez de leur vie.

ALEXIS.

A tous leurs intérêts mon intérêt se lie,
Et ma cause est la leur.

GLEBOFF.

D'un intérêt sacré
Votre cœur, avant tout, doit être pénétré.
Les ministres en deuil, les fidèles en larmes,
Attendent de vous seul la fin de leurs alarmes:
Vous ne trahirez pas cet espoir glorieux.

ALEXIS.

Tout mon sang scellera la foi de mes aïeux.

GLEBOFF.

Faisons, à notre tour, serment d'être fidèles.
Que ce serment s'élève aux voûtes éternelles.
Oui, le ciel le reçoit; l'ange exterminateur
Le grave, en traits de sang, dans son livre vengeur.

ORLOFF.

Nous saurons le garder.

GLEBOFF.

    D'une bouche sincère
Jurons au fils la foi dont abusa le père.
Bientôt l'huile sacrée et les vœux des mortels
Confirmeront ce choix aux pieds de nos autels;
Bientôt d'un zèle saint une foule enivrée
Unira ses sermens à notre foi jurée.
Si nous la trahissons, ciel, éclate sur nous!
Vivons, mourons pour lui.

BORIS.

    Nous le lui jurons tous.

GLEBOFF.

Famille heureusement par le ciel réunie!
O sujets fortunés! ô Czar digne d'envie!

SCÈNE IV.

ALEXIS, GLEBOFF, BORIS, ORLOFF, FOEDOR, CHEFS des Boyards et des Strél.

FOEDOR.

Seigneur, à l'instant même un guerrier a paru,
Qui, seul, du camp du Czar en ces murs accouru,
A demandé Lefort.

ALEXIS.

    Ah! sans doute à ce traître
On apprend la défaite et la mort de son maître.

BORIS.

Peut-être, à son malheur, Pierre aura survécu....

ORLOFF.

Non, et Pierre, en effet, est mort s'il est vaincu.

GLEBOFF.

Qu'importe?

ORLOFF.

   Ah! je le hais, et son nom seul m'offense;
Mais le mésestimer n'est pas en ma puissance.
Il est mort ou vainqueur.

BORIS.

    Vainqueur! oubliez-vous...

ORLOFF.

Je connais du destin les retours et les coups.
Je sais qu'en un instant le génie ou l'audace
Donnent à la fortune une nouvelle face ;
Qu'il faut avec le Czar tout craindre, tout prévoir,
Mais aussi tout braver pour faire son devoir.

ALEXIS.

Des devoirs le plus saint m'appelle vers ma mère,
Ma mère, en son malheur, plus auguste et plus chère.
J'y cours, je lui peindrai vos fidèles transports ;
Elle secondera vos généreux efforts.
La Russie admirait sa valeur et ses charmes :
Elle nous guidera jusqu'au milieu des armes.
Je reviendrai bientôt interroger Lefort,
Et du Czar, dans ses yeux, mes yeux liront le sort.
Quand nous serons instruits par nos ennemis même,
Du ciel impatient secondant l'anathème,
Nous frapperons.—Gleboff, demeurez en ces lieux ;
Veillez sur ce palais où vous trompez les yeux.
L'heureux déguisement que le ciel vous inspire
S'ennoblit par le but où votre zèle aspire.
Gardez-vous d'en rougir ; l'artifice est permis
Pour tromper les tyrans, et servir son pays.

(*Tous sortent.*)

SCÈNE V.

GLEBOFF, seul.

Son cœur à mes leçons toujours resté fidèle,
A d'Alexis enfant l'ignorance et le zèle.
Eh! quand il serait vrai que Pierre fût sauvé,
Au rang de patriarche une fois élevé,
Mon pouvoir sur son fils et dans Moscow rebelle
L'oblige à ménager ma dignité nouvelle.
Mais que sous Alexis il vaut bien mieux régner!
Sans doute il faut tout faire et ne rien épargner
Pour élever le fils, pour accabler le père.
Si vainqueur ou vaincu Pierre voit la lumière,
Instruit ou non, de lui tout est à redouter.
Quand d'abuser ses yeux nous pourrions nous flatter,
Sur cette ame inflexible aurions-nous plus d'empire?
Pontife, je le hais; citoyen, je l'admire.
Je l'aurais imité, si le ciel m'eût fait roi:
S'il eût ceint la thiare, il eût fait comme moi.
Par l'arrêt du destin ennemis l'un de l'autre,
Il veut fonder son règne; allons hâter le nôtre.

FIN DU PREMIER ACTE.

ACTE II.

SCÈNE PREMIÈRE.

LEFORT, MENZIKOFF.

LEFORT.

Redites-moi cent fois et qu'il vit et qu'il règne;
Il n'est point avec lui de malheur que je craigne.
O mon cher Menzikoff!

MENZIKOFF.

Que j'aime, cher Lefort,
Pour un prince si grand ce fidèle transport!
Malheur aux cœurs ingrats, nés pour la barbarie,
Que n'a point enflammés le feu de son génie!

LEFORT.

Ah! parlez de lui seul. Il vit, il est heureux!

MENZIKOFF.

Le ciel qui le protège a comblé tous nos vœux.

LEFORT.

Ainsi dans ces déserts qu'à mon ame alarmée
On avoit peints jonchés des débris de l'armée,
Ce théâtre fatal d'horreur, de désespoir,
A vu croître sa gloire, affermir son pouvoir!

TRAGÉDIE.

MENZIKOFF.

En triomphe élevé, l'étendard du prophète
Semblait déja du Czar annoncer la défaite,
Et dominait par-tout nos postes envahis.
   L'Arabe infatigable et les légers Spahis
Sans cesse harcelant les flancs de notre armée,
Dans un espace étroit la tenaient enfermée :
Pierre de tous côtés porte de vains secours,
Veut cacher sa faiblesse, et s'affaiblit toujours.
C'est peu ! de ces déserts l'aridité brûlante
N'offrait rien aux besoins d'une armée expirante.
Mille chemins ouverts sur la terre et les eaux
Conduisaient l'abondance au camp de nos rivaux.
Nous, que la trahison d'un Valaque exécrable
Traînait depuis trois mois sur une mer de sable,
D'espoir même privés, résolus à périr,
Nous voulions vendre au moins notre sang au visir.
   Pierre toujours plus grand dans les dangers extrêmes,
« Soyez dignes de moi, dit-il, et de vous-mêmes. »
Il promettait l'exemple, et l'eût bien su donner :
Enfin au point du jour la charge allait sonner.
   Quelle nuit ! nulle voie ouverte à la retraite :
L'esclavage ou la mort suivait notre défaite,
Et le soldat tombant de fatigue et de faim
Semblait de son désastre être déja certain.
   Nul ne force du Czar la tente inaccessible.
Là, seul, et déposant son audace inflexible,
Pierre se recueillait : à l'obscur avenir
Il ne demande point s'il doit vivre ou mourir :

Son génie alarmé ne craint que pour l'Empire,
Pour tant d'heureux travaux qu'un instant peut détruire;
Il sait du sort jaloux les retours éclatans.
Un jour peut voir périr l'ouvrage de vingt ans.
  La mort était promise au premier téméraire
Dont l'abord troublerait sa douleur solitaire :
Mais Catherine brave et son ordre et la mort.
Sa douce voix arrête un farouche transport,
Rend à ses sens le calme, à son cœur l'espérance.
Aux tentes du Visir elle veut qu'on s'avance.
Ces richesses, ces dons d'un monarque enchanté,
Ces chefs-d'œuvres des arts offerts à la beauté,
(Sacrifice peut-être à tout autre impossible,)
Vont tenter un barbare et le rendre accessible.
Enfin le jour qui dut voir tant de sang couler
Voit des deux camps amis les troupes se mêler.
Au morne effroi succède une bruyante ivresse;
L'abondance et la paix remplacent la détresse;
Et ceux de qui le fer devait nous égorger
Viennent nourrir le camp qu'ils allaient saccager.
  Cependant, au milieu d'extrémités si grandes,
Le Czar n'a point souscrit à d'injustes demandes,
N'a rien fait, rien souffert qui blessât son pouvoir.
Le visir a tout craint du Czar au désespoir.

LEFORT.

Ah! bénissons le ciel qui nous rend un tel maître.
Oui, le ciel, protecteur des rois dignes de l'être,
A dû garder ce Czar qui n'a point d'héritier.
En sauvant un grand homme, il sauve un peuple entier.

Au bruit de vos revers que grossissait la haine,
J'ai cru que du devoir Moscow romprait la chaîne.
A quels excès honteux ne s'est pas emporté
Des murmures, des cris le délire effronté !
Nos désastres étaient les suites nécessaires
De nos nouvelles lois, de ces mœurs étrangères,
Que Pierre ose introduire ; et le ciel irrité
Versait tous les fléaux sur son impiété.

A ces cris, de leurs mœurs, de leurs rites antiques,
Les Popes, les Boyards, partisans fanatiques,
Jusques dans cette enceinte ont soudain relevé
L'appareil qu'aux saints lieux Pierre avoit réservé.
Des objets consacrés par de pieux hommages,
Vos yeux, à chaque pas, reverront les images.
Là, le Russe du Czar demande avec ardeur
Tout haut l'heureux succès, et tout bas le malheur.
Gleboff, ou plus prudent, ou, si je veux l'en croire,
Plus zélé pour le Czar, plus touché de sa gloire,
Semble voir à regret ces pieuses fureurs.
Mais quel œil peut percer dans l'abîme des cœurs ?

Eudoxie a tenté de franchir cette enceinte
Où la loi d'un époux, sous une règle sainte,
La force d'expier ses longs égaremens.
Tout s'unit pour aigrir ses fiers ressentimens.

Ami, depuis long-temps le choix de sa retraite
Aux portes de Moscow m'afflige et m'inquiète.
Une intrigue éternelle y trouble ces esprits,
Qu'achèvent d'enflammer les lettres d'Alexis :
Alexis, de l'Empire un jour l'indigne maître,
Que le ciel d'un héros n'eût pas dû faire naître ;

2 *

Qui détruira l'ouvrage élevé par ses mains,
Et garde à ses vieux jours les plus mortels chagrins.
Jusqu'à Vienne, frappé d'une crainte servile,
Il avoit fui, cherchant un criminel asile :
Mais, depuis que du Czar on répand le trépas,
Je sais que vers ces murs il a porté ses pas.
A de tels sentimens quel prix garde son père ?
Quel arrêt dictera sa trop juste colère ?
Ah ! s'il est un sujet digne de ses mépris,
Digne de ses rigueurs, c'est son coupable fils :
C'est lui qui, de sa mère armant la main cruelle,
En secret alluma la première étincelle
Du vaste embrasement qui, malgré nos efforts,
A d'un spectacle horrible épouvanté ces bords.

MENZIKOFF.

Pierre en ignore encor la récente disgrace.

LEFORT.

Déja mes prompts efforts en dérobent la trace,
Sans doute à la faveur du tumulte, des cris,
Ils pensaient soulever le peuple, les Strélits,
Profiter du faux bruit de la mort de leur maître,
Nous jeter dans les fers, nous égorger peut-être,
Et de nos longs travaux dispersant les débris
Sur leurs restes fumans proclamer Alexis.
Trône digne de lui !

MENZIKOFF.

    Tremblans sur son passage,
Les factieux vont voir son auguste visage.
Dès ce jour......

TRAGÉDIE.

LEFORT.

Quoi ! le Czar vous suivrait de si près ?
Se peut-il ?

MENZIKOFF.

J'ai long-temps erré dans les forêts
Prisonnier des brigands qui désolent l'Ukraine.
De leurs barbares mains je m'échappais à peine,
Dans les États du Czar, sous son autorité,
Je pensais m'avancer avec sécurité :
Non loin de Voronez un parti de rebelles
Recevait de sa mort et semait les nouvelles.
Ils me forcent de suivre, avec des cris affreux,
De leurs hideux exploits le cours impétueux.
Je veux faire cesser leur erreur et leurs crimes ;
Ils parlent de me joindre à tant d'autres victimes.
Enfin la vérité, perçant de toutes parts,
Disperse ces suppôts des Popes, des Boyards :
Je reste en liberté, mais seul et sans ressource.
J'ai voulu vainement précipiter ma course,
Et je n'arrive enfin qu'à l'aurore du jour
Qui doit du Czar lui-même éclairer le retour.
Vous savez si l'on peut compter sur sa parole ;
Si Pierre a jamais fait de promesse frivole.
Mais quoi ! c'est Alexis que je vois s'avancer !....

SCÈNE II.

LEFORT, MENZIKOFF, ALEXIS.

LEFORT, *à Menzikoff.*

C'est lui.

ALEXIS (*dans le fond du théâtre, à ceux qui l'accompagnent*).

Seul à Lefort laissez-moi m'annoncer.
(*Voyant Menzikoff.*)
Que vois-je ? Menzikoff !

LEFORT (*à Menzikoff*).

Ah ! que d'un cours rapide
L'espérance a conduit cet héritier perfide !
(*A mesure qu'Alexis s'avance.*)
Il croit tenir sa proie, et ce front assuré
Trahit l'orgueil ingrat d'un fils dénaturé.

ALEXIS (*à Lefort*).

Du sein hospitalier d'une terre étrangère
Rappelé par le bruit des revers de mon père,
J'ai cru pouvoir encor voler à son secours.
Je viens, mille récits m'alarment sur ses jours.
On répand que du Czar l'inflexible constance,
Des chefs et des soldats l'héroïque vaillance,
Au milieu des déserts ont lutté vainement
Contre la faim, la soif, et le glaive ottoman.
Mais enfin de son sort vous avez connaissance :
Parlez, de tous ces bruits que faut-il que je pense ?

TRAGÉDIE.

LEFORT. (*Il tient dans sa main le traité de paix que lui a apporté Menzikoff.*)

Prince, on est mal instruit des arrêts du destin :
Le Czar me fait passer des ordres de sa main.
J'y lisais mon devoir, et mes larmes sincères
Mouillaient avec respect ces sacrés caractères.
Le Czar vient, il s'avance, et cet heureux séjour
Aura revu son maître avant la fin du jour.

ALEXIS.

Puisse un retour si prompt n'éprouver point d'obstacles !
(*A Menzikoff.*)
C'est vous qui l'annoncez ?

MENZIKOFF.

Oui, Prince.

ALEXIS.

Quels miracles
Ont dégagé le Czar des mains de l'ennemi ?
De ses dangers affreux mon cœur avoit frémi.

LEFORT.

Il peut se rassurer. Qu'une pure allégresse
Succède à cette alarme, à ce soin qui vous presse.
Votre père revient, il nous porte la paix ;
De son auguste seing reconnaissez les traits.

ALEXIS.
(*A part.*)
Il suffit. Quel péril ! et quelle honte extrême !

MENZIKOFF.

Vous reverrez, Seigneur, un père qui vous aime.

Si mon cœur, si mes vœux sont encore écoutés,
Vous pouvez aisément regagner ses bontés.
Plus de docilité, de soins, de complaisance.....

ALEXIS.

Tant de souplesse et d'art vont mal à l'innocence.
(*Regardant Lefort.*)
C'est à ceux que cet art a faits nos souverains
A le mettre au-dessus des devoirs les plus saints.
(*A Menzikoff.*)
Verrai-je de sang-froid une captive obscure.
Supplanter......

MENZIKOFF.

Épargnez le reproche et l'injure
Au vertueux objet de votre inimitié,
Qui de ce vaste Empire a sauvé la moitié :
Oui, seigneur, on lui doit le salut de l'armée.

ALEXIS.

Je lui dois mon courroux.

MENZIKOFF.

Du Czar elle est aimée ;
Elle est sa digne épouse, et c'en serait assez,
Si l'on ne vous poussait à des vœux insensés.
Ils vous perdront, Seigneur.

ALEXIS.

Qui ? que voulez-vous dire ?

MENZIKOFF.

Que vous méconnaissez le zèle qui m'inspire,
Que peut-être aujourd'hui les conseils d'un soldat
Serviraient Alexis, et le Czar et l'État.

Au nom de cet Empire accru par vos ancêtres,
Conservez-lui sa gloire, et le sang de ses maîtres.
Puis-je voir sans douleur l'un de l'autre ennemis
Un si glorieux père, un si généreux fils?
N'est-il donc plus pour vous d'honneur dans la carrière,
Si, lorsque d'un héros viendra l'heure dernière,
(Ah ! que puisse le ciel long-temps la retarder !)
Protecteur de ses lois, fidèle à les garder,
Héritier des desseins que mûrit son génie,
Puissant de tout le bien qu'il fit à sa patrie,
Vous voulez, l'illustrant par de nouveaux bienfaits,
Continuer un nom qui ne mourra jamais?

ALEXIS.

J'excuse votre zèle, et j'ai su vous connaître.
   (*A Lefort.*)
Pour vous......

LEFORT.

         Prince, arrêtez : vous n'êtes point mon maître.
Loin des bords du Léman où je reçus le jour,
Dans ces âpres climats qui fixa mon séjour?
Est-ce le vain éclat dont le Czar me décore?
Non, non, c'est l'amitié dont un héros m'honore.
Né libre, indépendant, et par mon propre choix
Sujet de ce grand homme, organe de ses lois,
Je sers avec ardeur un prince que j'estime.
Je pourrai quelque jour périr votre victime :
A vivre sous vos lois rien ne peut m'obliger.
Estimez ma franchise.
            (*Il sort avec Menzikoff.*)

SCÈNE III.

ALEXIS, seul.

Ainsi, donc, l'Étranger
M'ose braver encore au sein de ma patrie !
A quel opprobre, ô ciel ! livrez-vous la Russie ?
Alexis, mon aïeul, honneur de mon pays ;
Et toi, par tes vertus, modèle d'Alexis,
Grand Neuwki, dont l'esprit animait nos contrées,
Les abandonnez-vous à ces lois abhorrées ?
Non, non, je le sais bien, vous m'ordonnez tous deux
De secouer un joug si dur et si honteux ;
De frapper..... mais sur moi j'entends gronder la foudre !
Et je la veux lancer..... malheureux ! que résoudre ?

SCÈNE IV.

ALEXIS, ORLOFF, STRÉLITS à la suite d'Orloff, BORIS.

ALEXIS.

Venez, braves amis. Savez-vous de quel sort
Vous êtes menacés ?

ORLOFF.

Quoi ?

ALEXIS.

Je tiens de Lefort

TRAGÉDIE.

Qu'aujourd'hui, dans ces murs, va paraître mon père.

ORLOFF.

Ne vous trompe-t-il point?

ALEXIS.

Menzikoff, plus sincère,
Confirme ce retour; il précède ses pas;
Il annonce la paix.

ORLOFF.

Ah! ne l'acceptez pas.
Ces braves, outragés par un soupçon injuste
Quand nos voix réclamaient votre présence auguste,
Sûrs de vaincre à présent sous les yeux d'Alexis,
Comme moi d'un instant connaissent tout le prix.
Cet instant que le ciel laisse à notre courage,
Il veut qu'on en profite; il en dicte l'usage.
Pierre de nos projets sera bientôt instruit.
Sitôt qu'à son oreille en parviendra le bruit,
Nous sommes tous perdus, vos amis, et vous-même.
Aussi prompt que l'éclair, Pierre toujours extrême,
Implacable, terrible, atroce en son courroux,
Par tous ces étrangers enflammé contre nous,
Et déchaînant enfin leur barbare insolence,
Dans des torrens de sang éteindra sa vengeance.
Déja nous avons vu, quand Sophie autrefois
Voulut armer nos bras pour soutenir ses droits,
Avec quelle rigueur, par combien de supplices,
Le Czar extermina jusqu'aux moindres complices.
A ce carnage affreux seul je suis échappé.
La tête sous la hache, et près d'être frappé,

Ma fermeté lui plut; il me laissa la vie;
Je la tiens d'un tyran, je l'offre à la patrie.
Profitons des leçons de ce grand souvenir :
Les bourreaux sont tout prêts, il faut les prévenir.

ALEXIS.

Je ne vois point Gleboff?

ORLOFF.

Tantôt, en votre absence,
C'était lui dont l'ardeur accusait ma prudence.
Mais il n'est plus, seigneur, temps de délibérer;
Il faut braver l'orage, et non le conjurer.

ALEXIS.

Tirons le glaive, allons; tentons une fortune
Qu'avec de si grands cœurs le ciel me rend commune.
(*A un des chefs.*)
De l'odieux Lefort, vous, arrêtez les pas.
S'il ose résister, qu'on le livre au trepas.
(*A un autre.*)
Vous, marchez hors des murs, et de son monastère
Allez faire sortir et ramenez ma mère.
Appelez à grands cris le peuple à son secours.
(*A un troisième.*)
Vous, gardez Menzikoff, mais épargnez ses jours.
(*A Orloff.*)
Et nous . . . .

SCÈNE IV.

ALEXIS, ORLOFF, GLEBOFF, STRÉLITS de la suite d'Orloff.

GLEBOFF.

J'ai vu le Czar sur le fleuve paraître.
Dans un léger esquif il s'est fait reconnaître.

ALEXIS.

O ciel!

GLEBOFF.

De près, dit-on, un corps nombreux le suit;
Mais jusqu'aux pieds des murs deux rameurs l'ont conduit.
Plein d'un trouble funeste à l'aspect du rivage,
Qui de la flamme au loin offre encor le ravage,
Il a voulu descendre à l'instant sur ce bord,
Où déja l'attendaient Menzikoff et Lefort.

ALEXIS.

Que faire?

GLEBOFF.

Auprès du Czar, seigneur, allons nous rendre;
Voir par nos yeux s'il faut ou presser ou suspendre.
Quand l'héritier du trône est sorti de l'État,
Sa fuite est parmi nous un si grand attentat,
Que la loi veut sa mort; mais cette loi si dure
Ne pourra même ici balancer la nature.
Le Czar ne songe pas, tout barbare qu'il est,
A menacer un fils d'un si cruel arrêt.

Des yeux ouverts sur moi trompant la vigilance ;
Je dois aussi du Czar garder la confiance,
Et, comme si ma voix guidait vers lui vos pas,
Aussitôt qu'il paraît, jetez-vous dans ses bras.
Venez, prince, et, montrant une assurance entière,
D'un front soumis et calme abordez votre père.
Sachons dissimuler : la justice des cieux
Et son mauvais destin l'amènent dans ces lieux.

ALEXIS.

Oui, marchons sans pâlir ; et si mon front l'abuse,
Aidons, puisqu'il le faut, la force par la ruse.
Mais s'il m'osait parler d'une effroyable loi...
J'ai reçu vos sermens.

ORLOFF.

Comptez sur notre foi.

ALEXIS.

Ce dévouement fidèle est une gloire insigne,
Un bien dont Alexis saura se montrer digne ;
Et le moindre de ceux dont j'accepte l'appui
Me trouverait tout prêt à périr avec lui.

FIN DU SECOND ACTE.

ACTE III.

SCÈNE PREMIÈRE.

PIERRE, LEFORT, MENZIKOFF, BORIS,
Suite de Pierre, de Lefort, de Boris.

PIERRE (*à ceux qui accompagnent Boris*).

Oui, je transporterai le siége de l'empire
Loin de ce bord fatal où sans cesse on conspire.
Vous m'y forcez. Grand Dieu, quel spectacle! En un jour
L'ouvrage de vingt ans a péri sans retour.
Le hasard n'a point fait ce funeste ravage.
(*A Lefort.*)
Vous, avant que la flamme eût assouvi sa rage,
Vous deviez dans son cours à tout prix l'arrêter;
Il fallait y courir vous y précipiter.

LEFORT.

Je m'y serais jeté, s'il eût pu de ma cendre
Naître un ami pour vous plus fidèle et plus tendre.

PIERRE.

Pardonne! A quel excès me laissai-je emporter!
J'ai dompté mon pays et n'ai pu me dompter.
Va, je rends bien justice au zèle qui t'anime.
Oui, je reconnaîtrai ton dévouement sublime;
Oui, le cœur de ton maître...

LEFORT (*vivement et tendrement*).

Est le seul prix du mien.
Lefort, si vous l'aimez, ne demande plus rien.

PIERRE.

Quel est le prince ingrat, né pour la tyrannie,
A qui de tels amis sont moins chers que la vie ?
C'est le plus beau présent que le ciel fasse aux rois.
Mais quel est cet autel qu'en ces lieux je revois ?
Et quelle main hardie à mes ordres rebelle...

BORIS.

Seigneur...

PIERRE.

Vous espériez une absence éternelle.
Le ciel m'a protégé, le ciel n'écoute pas
Des sujets factieux et des enfans ingrats.
Il veille sur mes jours, leur gloire est son ouvrage.
Ce pieux appareil a-t-il rien qui m'outrage ?
Non ; mais c'est moins l'autel qu'on voulut relever,
Que le trône, en effet, qu'on prétendit braver.
Vous nourrissez en vain la coupable espérance
De rendre à ces climats leur antique ignorance.
Soumettez-en l'orgueil à de plus justes lois.
Quand l'airain frémissant retentira trois fois,
Revenez dans ces lieux. Que le peuple s'apprête
Pour la plus légitime et la plus digne fête
Que puisse à ses sujets offrir un souverain.
(*A Lefort et à Menzikoff.*)
Allez. Restez tous deux, et sachez mon dessein.

SCÈNE II.

PIERRE, MENZIKOFF, LEFORT.

PIERRE.

Du temps qui détruit tout je sens déja l'outrage;
Sous le poids des travaux plus encor que de l'âge,
Lorsqu'à peine j'atteins mon quarantième hiver,
Mon front de cheveux blancs sera bientôt couvert.
J'ai consacré ma vie au bonheur de la terre :
J'appris dans les revers le grand art de la guerre,
Et vous vîtes enfin le vainqueur de Narva
Par ses propres leçons défait à Pultava.
Dans Sardam cette main au sceptre destinée
A fait crier la scie et gémir la coignée.
Aux plus rudes travaux l'esclave condamné
Versa moins de sueurs que ce front couronné.
Mais est-ce assez d'avoir en ma double carrière
Du bruit de mes exploits rempli l'Europe entière ?
Par d'utiles travaux, par de grands monumens,
D'en avoir illustré les paisibles momens ?
Ces travaux, cet éclat que l'univers encense,
Souvent au fond du cœur laissent un vide immense.
Je l'éprouvai moi-même, et j'ai cherché long-temps
Un objet qui mêlât de plus doux sentimens
Aux agitations qui consumaient ma vie :
Enfin je l'ai trouvé, mon ame en est remplie.

Avec ravissement je goûte mon bonheur :
Catherine a comblé ce besoin de mon cœur ;
  (*Avec solennité.*)
Elle va près de moi s'asseoir au rang suprême.
Quand mon cœur est donné, qu'est-ce qu'un diadème ?
Je le lui dois peut-être ; elle seule a sauvé
Aux fers des Ottomans tout mon camp réservé.
Compagne de mes pas, son zèle, sa constance
Exerçaient sur mon ame une douce puissance.
Les accens de sa voix calmaient mon cœur ému,
Et régnaient sur mes sens par un charme inconnu.
Qui voudrait rappeler dans sa froide pensée
De son rang et du mien la distance effacée ?
Qu'importe le destin qui la fit naître aux fers,
Si son esprit est fait pour régir l'univers ?
C'est trop peu que l'on sache à la cour, dans l'armée,
Qu'un nœud sacré m'unit à mon esclave aimée :
Après tous les fléaux qu'elle a su détourner,
Soldats, peuple, à l'envi la devraient couronner.
Sur son modeste front, c'est ma reconnaissance
Qui place le bandeau qu'affermit sa prudence.
Ainsi j'instruis ce peuple, ainsi je foule aux pieds
Des préjugés encor vainement décriés.
Du mérite humble, obscur, j'enflamme le courage ;
J'inspire des vertus qui seront mon ouvrage ;
Et laisse, s'il le faut, mon pouvoir en des mains
Qui feront après moi prospérer mes desseins.
Amis, vous n'êtes pas des mortels ordinaires ;
Vous voyez de trop haut les maximes vulgaires
Pour blâmer un instant mon projet et mon choix.

TRAGÉDIE.

LEFORT.

Vivez, régnez heureux ; que vos puissantes lois
Fassent, après mille ans, fleurir votre patrie ;
Qu'on respecte, seigneur, qu'on craigne la Russie
En des lieux où son nom était même ignoré.
Une fois acquitté de ce devoir sacré,
Des publiques rumeurs méprisez le caprice.
Votre cœur est content, que l'Empire obéisse.

PIERRE.

Tu te tais, Menzikoff ?

MENZIKOFF.

Seigneur, puis-je blâmer
Un choix que le ciel même a semblé confirmer ?
J'oserai seulement pour la triste Eudoxie...

PIERRE.

Je retire la main sur elle appesantie.
En des lieux que son choix fixera désormais
Le reste de ses jours pourra couler en paix.
Prêt à donner son rang à celle qui l'honore,
Sous le voile aujourd'hui je la retiens encore.
Demain son Czar lui rend toute sa liberté.
Puisse-t-elle y trouver plus de félicité !
On sait par quelle humeur bizarre, impérieuse,
Elle fit mon malheur, sans être plus heureuse ;
Que ce palais, toujours trop plein de son esprit,
A mes plus justes lois à regret obéit ;
Que sa bouche affectait un éternel murmure,
A l'himen, au pouvoir, insupportable injure !

3 *

Enfin la nuit profonde où de vains préjugés
Retiennent ses esprits obstinément plongés ;
Son orgueil, tout la rend à mes vœux opposée.
Pesante pour tous deux cette chaîne est brisée.
De qui fait mon bonheur ma couronne est le prix.
Je l'ai dû, je le veux. — Mais parlons de mon fils.
Tout s'éveille à ce nom, le devoir, la nature,
Et c'est-là de mon cœur la mortelle blessure.
Avez-vous vu ce front qui semblait menacer,
Et ces yeux que les miens n'ont pu faire baisser ?
Gleboff s'en indignoit, Gleboff de qui le zèle,
Dans un corps dangereux, m'offre un appui fidèle ;
Gleboff qui sert l'Etat, l'Eglise, et dont mon fils
Pourrait suivre du moins l'exemple et les avis :
Je détournais la vue, et faisais violence
A l'amour que pour lui, dès sa plus tendre enfance,
Dans ce cœur paternel je me plus à nourrir.
Que ce cœur aisément peut encor se rouvrir !
Mais parmi des méchans, ennemis de leur maître,
Lorsque je m'attendris, il conspire peut-être.
Il conspirait à Vienne, où d'un voisin jaloux
Sa fureur parricide excitait le courroux.
Et quand au nom des lois, dont il se rend l'organe,
Sa fuite toute seule à la mort le condamne ;
L'ingrat, bravant ces lois et mon ressentiment,
Déserteur de son poste, y rentre insolemment !
Au bruit de mon trépas, dans sa joie insensée,
Déja de ma dépouille il repaît sa pensée.
Comment porterait-il ce fardeau dangereux,
De tout glorieux soin détracteur malheureux,

TRAGÉDIE.

Des factieux Boyards ralliement politique,
Des Popes plus adroits instrument fanatique?
L'Etat, je le vois trop, sous un tel successeur
Ne peut rien espérer, ni gloire, ni bonheur.
  Entre un fils et l'Empire il faut que je prononce.
Quel choix ! A me survivre il faut que je renonce,
Ou bien que de l'Etat adoucissant la loi,
Mais juge sans foiblesse, et moins père que roi,
Je déclare à jamais indigne de l'empire
Un cruel dont la haine ouvertement conspire.
Dans ce combat terrible approuvez ma douleur,
Mais dans mon seul devoir affermissez mon cœur.

   LEFORT (*après un long silence*).

Devant un autre czar, devant un autre père,
Tout me ferait, sans doute, un devoir de me taire.
C'est d'un fils qu'il s'agit. — Sorti de vos Etats,
La loi pour ce seul crime ordonne son trépas,
Loi trop digne en effet du code des Tartares ;
L'horreur des étrangers est le sceau des Barbares.
Sans doute vous devez, heureux réformateur,
Abolir de ces lois l'odieuse rigueur :
Qu'il vive !... Mais qu'un jour, successeur téméraire,
Des fruits de votre gloire ingrat dépositaire,
Il puisse la flétrir et la fouler aux pieds !
De cet affreux tableau mes sens sont effrayés.
Excusez jusqu'au bout ma franchise sévère,
C'est le tribut d'un zèle et d'un amour sincère.
Qu'attendre d'Alexis, qu'en exiger, seigneur,
Quand, d'être né de vous méconnaissant l'honneur,

Aux plus honteux conseils il a livré son ame ?
Non, jamais de la gloire il n'a senti la flamme.
S'il en était capable, ah ! ne devrait-il pas
Baiser avec amour la trace de vos pas ;
Et, méritant les soins d'une tendre tutelle,
Se vouer sans réserve à suivre un tel modèle ?
Mais non, il fuit, il va parmi les nations
Semer les tristes bruits de vos divisions.
Au-dedans, au-dehors sa coupable imprudence
De tous vos ennemis réveille l'espérance ;
De vos bontés, enfin, sa haine est le retour.
Quel fruit à vos travaux réserve-t-il un jour ?
Prévenez des malheurs..... Ah ! seigneur, je m'arrête,
Et si j'en ai trop dit, frappez, voilà ma tête ;
Mais ce cœur plein de vous, plein de votre grandeur,
N'en sauroit entrevoir la chute sans horreur.

PIERRE.

Je ne vous blâme point, Lefort, je vous admire,
Voilà ce qu'un ami devait oser me dire.
Vous déchirez mon cœur en éclairant mes yeux ;
Mais j'aime encore un fils qui dut m'être odieux.
Contre mon propre sang je crains d'être sévère.
Vous parlez en ministre, et je suis czar et père ;
Et du plus juste arrêt redoutant la rigueur,
La nature gémit dans le fond de mon cœur.

MENZIKOFF.

Seigneur, écoutez-la. Vous serait-il possible
De n'être ici qu'un juge, et qu'un juge inflexible ?

TRAGÉDIE.

Elevé dans les camps, je n'ai point contracté
Des maximes d'Etat la sombre austérité.
Loin de moi de vouloir blâmer ou méconnaître
Le plus digne sujet qu'ait le plus digne maître.
Lefort est de l'Etat un vertueux soutien,
Et mon pays n'a pas de meilleur citoyen :
Mais, seigneur, pour un fils n'est-il plus d'espérance ?
Ne peut-on pas guider son inexpérience,
Éclairer son esprit, toucher même son cœur,
Et lui montrer encor les routes de l'honneur ?
Nourrie en ce palais, son oisive jeunesse
N'a quitté ce séjour d'erreur et de mollesse
Qu'alors que, de l'État bravant la dure loi,
Il affligea son père, il offensa son roi.
Qu'il vienne dans les camps, que son jeune courage
Des travaux, des combats fasse l'apprentissage.
Loin des Popes menteurs, des Boyards factieux,
De l'éclat de la gloire éblouissons ses yeux.

En voyant à quel ordre, à quelle obéissance
Votre armée a ployé son antique licence,
Il prendra des leçons d'amour et de respect,

Cet espoir dans mon cœur ne peut être suspect :
Souvenez-vous, seigneur, que, dans mon âge tendre,
J'étais cet orphelin, cet obscur Alexandre,
Qui vivait loin de vous dans le plus humble emploi :
Un regard de vos yeux daigna tomber sur moi.
La faveur ou l'oubli nous rend ce que nous sommes;
Notre sort en dépend, et les rois font les hommes.

Si de vos dons comblé, je n'ai point démenti
Ce que d'un faible enfant vous aviez pressenti,

Si Menzikoff peut-être est votre heureux ouvrage,
Que ce cœur paternel prenne quelque courage.
Voyez ce que j'étais, voyez ce que je suis ;
Ne désespérez pas, seigneur, de votre fils.

PIERRE (*Il se lève*).

Ta voix fait triompher la voix de la nature,
Si tu crois au retour de cette ame trop dure :
De son père en effet le cœur peut se fléchir.
Pardonnons.

LEFORT (*à part*).

Puisse-t-il ne pas s'en repentir !

PIERRE (*à Menzikoff*).

Exécute le plan que te dicte ton zèle.
Marche sur Voronez. Sa province rebelle,
Qu'à mes lois va ranger ta prudente valeur
Te garde le doux nom de pacificateur.
Prends mon fils avec toi, qu'il parte et qu'il t'imite ;
Je veux que de ces lieux il s'éloigne au plus vite.
De tous mes ennemis sans cesse environné,
Le malheureux respire un air empoisonné ;
Contre les révoltés qu'il porte son audace.
Quelque jour il saura qu'il te doit cette grace.

MENZIKOFF.

Souffrez, seigneur.....

PIERRE.

Il faut qu'il sache que tous deux
Vous trouviez de nos lois l'arrêt trop rigoureux.
(*A Lefort.*)
Ton avis fut plus sage et plus juste sans doute :
Mais enfin éloignons ce que mon cœur redoute.

TRAGÉDIE.

Fais venir Alexis, et puisses-tu pour moi
Inspirer à mon sang ton amour et ta foi !
Veille sur ce palais; que Moscow soit tranquille.

SCÈNE III.

PIERRE, MENZIKOFF.

PIERRE.

Toi, d'Eudoxie encor fais qu'on garde l'asile.
Mes braves étrangers sont mon plus sûr appui :
Quatre mille à ma suite arrivent aujourd'hui.
A leur tête est Hermann dont l'audace éclairée
S'est souvent à tes yeux avec succès montrée.
Ils entrent dans Moscow pour la première fois,
Et cette raison même a décidé mon choix.
Les Strelits avec eux n'ont point d'intelligence.
Guide aujourd'hui leur zèle et leur obéissance ;
Demain tu pars, demain, assurés sur ta foi,
Et le père et le Czar attendent tout de toi.

SCÈNE IV.

PIERRE, *seul*.

Oui, c'est toi, digne ami, toi sur-tout, Catherine,
Par qui vers le pardon mon cœur se détermine.

Quelle fut leur douleur quand un fidèle avis
Vint m'apprendre en mon camp la fuite d'Alexis !
De quel prix paîra-t-il leur pitié magnanime ?
Si quelque jour..... ô ciel ! daigne, avant un tel crime...
Mais il entre.

SCÈNE V.

ALEXIS, PIERRE.

Pierre.

Approchez. Menzikoff part demain.
Des champs de Voronez il reprend le chemin.
Demain vous le suivrez marchant sur les rebelles.
Je vous pardonne tout ; et ces mains paternelles,
Sur le trône avec moi prêtes à vous placer,
Déja contre mon sein brûlent de vous presser.

Alexis.

Je rends grace sans doute à ce soin tutélaire ;
On ne m'a pas encor chassé du cœur d'un père,
Je le crois ; et je vais, sensible à cet amour,
Par un digne langage y répondre à mon tour.
Contre un tel ennemi puis-je marcher sans crime ?
Seigneur, leur résistance est-elle illégitime ?
Moi-même, fils des czars, et qui puis l'être un jour,
Serai-je ici l'écho d'une servile cour ?
Je n'en ai point les mœurs et j'en hais le langage ;
Elle craint ma franchise, et je lui fais ombrage.
Mais puisque vous daignez m'entendre sans courroux,
J'éleverai ma voix entre l'Empire et vous.

Eh ! que reproche-t-on à vos sujets fidèles ?
Que font ces opprimés qu'on traite de rebelles ?
Des droits les plus sacrés ne sont-ils pas vengeurs ?
Ne défendent-ils pas et leur culte et leurs mœurs ?
Ils ont des nouveautés brisé l'injuste idole.
Faut-il donc que votre âge en aveugle s'immole ?
Que vos contemporains, au prix de leur bonheur,
D'un douteux avenir achètent la splendeur ?
Des étrangers prenant vos sujets pour victimes
S'appliquent sans relâche à leur chercher des crimes.
Contre un peuple innocent dont ils sont détestés
Leurs cris calomnieux sont toujours écoutés.
Des lâches, de vos lois ministres tyranniques,
Dans l'asile sacré des foyers domestiques
Poursuivent la pensée, et l'œil des délateurs
Va lire les regrets jusques au fond des cœurs.
Ce peuple enfin s'indigne, et le Ciel le protège.
Puis-je, armé contre lui d'un glaive sacrilège....

Pierre.

Oh Ciel ! est-ce un sujet, est-ce un fils que j'entends ?
Il se déclare à moi le chef des mécontens !
Il n'a point demandé leur pardon et sa grace !
Il excuse, il partage, il vante leur audace !
O de tes ennemis trop docile instrument !
Ingrat, qui de mes jours es l'éternel tourment,
Que t'ai-je fait ? Ma gloire est un poids qui t'accable ;
Mes travaux sont l'objet de ta haine implacable.
Qui doit les recueillir ? Eh quoi ! n'es-tu pas né
Pour ce grand héritage à mon fils destiné ?

Quand le temps, qui déja m'avertit de sa course,
Aura vu revoler mon ame vers sa source,
Et que du Roi des rois j'aurai reçu le prix
Des utiles travaux sur la terre entrepris,
Quel autre, si tu veux, quel autre que toi-même
Héritera du trône et de ce rang suprême
Où tu ne verras plus ces Popes, ces Boyards,
Entre le peuple et nous ces éternels remparts ?
Aux plus utiles lois, aux projets les plus sages
Sans pudeur opposant de bizarres usages,
Des droits injurieux que je dus abolir,
Qui blessoient le pouvoir que tu devois haïr,
Et dont, par une erreur fatale, inconcevable,
Ton esprit aveuglé trouve le joug aimable.

Alexis.

Oui, je chéris un joug où depuis neuf cents ans
Sont attachés du Nord les généreux enfans ;
Du Nord, qui vit l'Europe à ses armes ouvertes,
Qui des maîtres du monde osa jurer la perte,
Et qui, sur les débris de l'Empire romain,
Vit bientôt sous ses lois passer le genre humain.
En vain d'un jour nouveau vous nous montrez l'aurore :
Reprenez des bienfaits que votre peuple abhorre ;
Le Russe de ses mœurs n'a point encor rougi.

Pierre.

Comment aussi, comment veut-il être régi ?
Toujours prêt à porter sa brutale ignorance
De l'extrême esclavage à l'extrême licence,

TRAGÉDIE.

On le verrait en foule, à d'indignes hazards,
Du premier imposteur suivre les étendards;
Encenser ce qu'il hait, briser ce qu'il adore;
Détester ses fureurs, s'y replonger encore;
Et menacer toujours, si ce bras irrité
N'eût mis un frein terrible à leur férocité.
 Cent fois de ce palais l'artifice ou l'audace
Dans un jour, dans une heure ont pu changer la face:
Et le cri d'un Strelits, la brigue d'un Boyard
A suffi pour proscrire ou proclamer un czar.
 Je me suis indigné contre une tyrannie
Qui du Prince en naissant étouffait le génie.
L'obstacle révolta ce cœur impétueux:
J'eusse été plus cruel étant moins rigoureux.
Qui veut plaire à ce peuple est un esclave à plaindre.
Qu'il m'estime, il suffit: je saurai l'y contraindre.
Un czar trop débonnaire en ses nobles projets
Et se perdrait lui-même et perdrait ses sujets;
A des malheurs sans fin j'ai voulu les soustraire.
Je retiens par pitié le pouvoir arbitraire.
Mon siècle en vain s'oppose à sa félicité.
J'en appelle sans crainte à la postérité;
Elle est l'espoir d'un Roi dont la gloire est l'idole.
Au sein des durs travaux cet espoir le console;
Et loin dans l'avenir au vulgaire caché,
Lui montre le seul prix dont son cœur soit touché,
Le seul qu'il obtiendra. Jamais l'ingrat vulgaire
Ne l'absout, tant qu'il vit, du bien qu'il ose faire:
On le menace au trône, on l'invoque au tombeau!
 C'est pour toi que des arts s'allume le flambeau:

Suis cet astre propice et marche à sa lumière;
Tu ne peux sans péril demeurer en arrière.
Change avec l'Univers, qui change autour de toi;
C'est la nécessité qui t'en prescrit la loi.

Les arts qui de l'Europe ont doublé la puissance,
La paix et ses travaux, la guerre et sa science,
Secours dont tes voisins contre toi vont s'armer,
Sont prêts à te défendre ou prêts à t'opprimer.

Des Germains que ta voix excitait contre un père
Fais fleurir dans nos camps la discipline austère:
Notre valeur sauvage asservie à ses lois
Surpassera bientôt leurs plus savans exploits.

Crois-tu qu'à l'ignorance obstinément fidèle,
L'orgueilleux Musulman, que tu prends pour modèle,
Dispute encor long-temps sa dépouille à nos mains?
Non; je t'ai de Bizance applani les chemins:
Et sans l'affreux succès de l'allié perfide,
Qui préparait pour nous d'une main parricide
Dans ses brûlans déserts un trépas trop certain,
Moi-même j'aurais vu les murs de Constantin.
Ose embrasser les arts dont l'Europe s'honore;
Dans trente ans sous tes lois mugira le Bosphore.

Mais quoi! je parle en vain! ton cœur reste glacé,
Et vers ce grand espoir ne s'est point élancé!
Va, tu ne démens pas tout ce dehors barbare,
Ces vêtemens, ce luxe inutile et bizarre.

ALEXIS (*montrant l'effigie de St.-Alexandre Neuwki*).

Tels étaient nos ayeux, fondateurs de nos droits,
Race de tant de saints, de héros et de rois.

TRAGÉDIE.

PIERRE.

Leurs aïeux ! c'est toujours leur facile réponse.
Cet esprit qui t'obsède à chaque mot s'annonce.
De lâches factieux qu'importunent mes lois,
N'osant ouvrir la bouche, ont emprunté ta voix.

ALEXIS.

Que mes tristes amis, objets de votre haine,
D'un sincère discours ne portent point la peine;
Ils ne l'ont point dicté. Dans mes justes transports
Je n'ai rien consulté que le sang dont je sors :
Il nous parle assez haut. Vos lois, vos arts profanes
De nos pères, seigneur, ont soulevé les mânes;
Dans la nuit éternelle ils s'arment contre vous.
Ne croyez-vous pas voir leurs ombres en courroux,
Pour venger leur injure à la tombe échappées,
Frémir à vos côtés, de nos plaintes frappées ?

PIERRE (*à part*).

Vous triomphez, cruels, qui de ce noir poison
Vous êtes fait un jeu d'infecter sa raison.
O doctrine ! ô fureur flétrissante, insensée !
Tant de honte m'accable, et mon ame oppressée
Jetant sur l'avenir un regard plein d'effroi
N'y découvre que deuil pour l'Etat et pour moi.
Vois quel mal ils m'ont fait, grand Dieu ! vois ma misère.
Infortuné Monarque, et plus malheureux père !

(*à Alexis.*)

Est-ce ainsi qu'à mon rang digne de succéder,
Dans l'Empire, après moi, tu penses commander?

Quoi! le seul droit du sang, qui, dans des jours prospères
Assure aux fils des rois le sceptre de leurs pères,
Si je tombe au milieu de mes vastes travaux,
Te donnerait pour maître à ces peuples nouveaux!
Quel changement, grand Dieu! quelle nuit triste et sombre!
Eh! contre tant d'ingrats qui défendra mon ombre?
Ne vois-je pas ces grands aujourd'hui contenus,
Et leurs serfs avilis, par leur voix prévenus,
Rivaliser entre eux d'outrages, de blasphèmes?
De vos prêtres menteurs j'entends les anathèmes :
« D'un czar haï du ciel brisons les monumens ;
» Loin des sacrés parvis chassons ses ossemens. »
A ces sinistres cris ma tombe renversée
Livre aux vents indignés ma cendre dispersée.
Et toi, lâche témoin de tous ces attentats,
C'est beaucoup si tes mains ne les partagent pas :
Mais tu croiras en vain dérober à leur haine
Un sang dont aura soif leur vengeance inhumaine.
Sur ma froide dépouille encor mal assouvis,
Ils te feront payer l'honneur d'être mon fils.
Tu te troubles! crois-moi, c'est la fidèle histoire
De ce que tes amis gardent à ma mémoire,
A toi-même.

ALEXIS (*à part*).

Il faut feindre. (*Haut.*) Étonné, confondu,
Votre voix retentit dans mon cœur éperdu,
Terrible, menaçante, et semblable au tonnerre
Qui gronde dans la nue, et fait trembler la terre.
Quelques doutes, seigneur, dans mon cœur élevés,
Peut-être sans courroux voulaient être levés.

TRAGÉDIE.

Mais enfin vous parlez, votre voix me décide,
Et vous m'enhardissez quand le ciel m'intimide.
Eh bien ! je partirai ; le sort en est jeté :
J'ose espérer un prix de ma docilité.
De ma mère aujourd'hui vous comblez la disgrace ;
Une autre va s'asseoir et régner en sa place :
De tout cet appareil vous n'avez pas besoin
Que le triste Alexis soit encor le témoin.
Puisque vous l'ordonnez, puisqu'il faut que je parte,
De ces lieux, à l'instant, souffrez que je m'écarte.

PIERRE.

Pars ; de ce libre aveu bien loin de te blâmer,
La franchise m'en plaît, et je sais l'estimer :
Je veux au repentir tendre une main propice,
A Catherine un jour tu rendras mieux justice.
Un jour tu chériras cet objet que tu hais,
Ce cœur si magnanime et que tu méconnais,
Qui mérite du tien une autre récompense.
Je te permets encor d'éviter sa présence.

(*Alexis s'incline.*)

Tu m'as rendu mon fils ; c'est assez aujourd'hui :
Ton père te bénit ; reviens digne de lui.

ALEXIS. (*Il fait quelques pas pour sortir, et revient.*)

Vous connoissez Orloff, seigneur, et sa prudence,
Et dans l'art des combats sa longue expérience :
Daignez souffrir qu'Orloff me suive dans les camps ;
Que ses sages conseils......

PIERRE.

    Tu le veux, j'y consens.

Je connais bien Orloff; il fut jadis rebelle.

ALEXIS.

Seigneur, depuis long-temps c'est un soldat fidèle.

PIERRE.

Mon fils, je veux tout croire, et me fier enfin
De ma gloire à moi seul, et du reste au destin.

ALEXIS.

Je vole à mon devoir. (*A part.*) Que la feinte me pèse!

(*Il sort.*)

PIERRE.

Que d'un père aisément tout le courroux s'appaise!

SCÈNE VI.

PIERRE, LEFORT.

LEFORT.

CATHERINE paraît aux pieds de ces remparts.

PIERRE.

J'y cours. Autour du trône appelle les Boyards,
Les Popes, et les chefs de l'antique milice;
Qu'ils tombent aux genoux de leur Impératrice.

LEFORT.

Je tremble que leur rage et leur fatal orgueil,
Seigneur, à ce beau jour ne mêlent quelque deuil.

PIERRE.

Je les brave; et, chassant une crainte importune,
J'oppose à leurs complots ma gloire et ma fortune.

FIN DU TROISIÈME ACTE.

ACTE IV.

SCÈNE PREMIÈRE.

BORIS, BOYARDS, POPES, STRÉLITS. (Orloff et Gleboff ne s'y trouvent pas.)

BORIS.

(*Ils ont des poignards sous leurs robes.*)

Gardez qu'aucun de vous laisse entrevoir ses armes,
Que votre front serein n'inspire point d'alarmes;
Attendons du dehors les cris victorieux:
Gleboff doit faire un signe, ayons sur lui les yeux.
L'esclave par le Czar au trône destinée
Sera pour notre glaive une victime ornée;
Et ce couple odieux qu'aveugle un fol orgueil,
Sous le dais profané va trouver un cercueil.
Nous joindrons sous nos coups et le maître et l'esclave,
Ménzikoff qui nous hait, et Lefort qui nous brave.
Encor quelques instans, et l'Empire est à nous......
Mais je vois qu'on s'avance; amis, contraignez-vous.

SCÈNE II.

Les précédens, PIERRE, CATHERINE, LEFORT, MENZIKOFF, GLEBOFF, etc.

PIERRE (*sur son trône*).

BOYARDS, Popes, et vous Strélits dont la licence
Me força trop long-temps d'enchaîner la vaillance,
Étrangers, les amis de mon peuple et les miens,
Esclaves, qui par moi deviendrez citoyens;
Je rends avec la paix le bonheur à la terre.
  Reprenons les travaux que suspendit la guerre;
Ses stériles lauriers ont pour moi peu d'appas:
Je la hais, je la fuis, mais je ne la crains pas.
Charles mit son honneur à ravager le monde:
Il détruisit, je crée; il renversa, je fonde.
Un succès opposé fut l'objet de nos vœux,
Et la postérité nous jugera tous deux.
  Cependant par mes soins une armée aguerrie
D'un injuste mépris a vengé la patrie;
Mon pays par moi seul prit rang dans l'univers.
Des climats inconnus, de sauvages déserts
Ont révélé leur force à l'Europe alarmée.
  J'impose une autre tâche à ma main désarmée:
Pressé du soin plus doux d'embellir vos destins,
Du trône descendu pour mieux voir les humains;
Mœurs, usages, beaux arts, lois, intérêts, commerce,
Telle est l'étude immense où ma raison s'exerce,

TRAGÉDIE. 53

Et par qui, devenus plus heureux et meilleurs,
Nous verrons dissiper ce long amas d'erreurs
Dont nous portons encor l'opprobre héréditaire.
  J'aurais sans doute ici plus d'un reproche à faire,
Plus d'un crime peut-être et d'un complot cruel
A lire sur le front de plus d'un criminel.
Je crains peu pour ma vie, et je l'ai prodiguée;
Mais, contre mes bienfaits, ma nation liguée
M'afflige, et je verrai la mort avec horreur,
Si je dois dans la tombe emporter sa grandeur.
De ma rigueur sévère, inflexible, mais juste,
L'amour de mon pays fut le principe auguste;
Le ciel m'en est témoin. — Mais je dois commencer
Par les dignes amis qu'il faut récompenser.
     (*A Gleboff.*)
Au rang de patriarche aujourd'hui votre maître
Près du trône, Gleboff, vous permet de paraître :
Ce grand titre a long-temps effrayé mon esprit !
Qu'a tout autre sujet il demeure interdit.
Mais seul, vous avez su, par un zèle trop rare,
Avec le diadème accorder la thiare.
Votre exemple est utile, et mes plus sages lois
Passant par votre bouche obtiendront plus de poids.
Des hommes et de Dieu, du ciel et de la terre
Soyez le double organe et le nœud salutaire.
    (*Gleboff se tourne vers le Czar, et cesse de*
      regarder du côté de Boris.)
Vous, Lefort, Menzikoff, du trône heureux soutiens,
Soyez-y rattachés par de nouveaux liens ;

Que Lefort sur la mer, Menzikoff sur la terre,
Représentent leur czar dans la paix, dans la guerre;
Que mes fiers pavillons, que mes drapeaux heureux,
Ainsi que devant moi s'inclinent devant eux.
Sur ma flotte, des vents et des ondes maîtresse,
L'un ira saluer l'Italie et la Grèce,
Aux champs de Voronez tandis qu'en même temps
L'autre fera marcher vingt mille combattans.
  (*A Catherine.*)
Et vous, dans mes dangers, secourable héroïne,
Compagne que je dois à la faveur divine,
Mêlez votre douceur à ma sévérité ;
Le trône à vos vertus est un prix mérité.
    C<small>ATHERINE</small>.
C'est trop, seigneur......
    P<small>IERRE</small>.
      Sortez de cette erreur profonde;
Le ciel vous fit pour moi, comme moi pour le monde.
En vain le sort jaloux, qui me fit naître roi,
Dans le sein du malheur vous cachait loin de moi :
De mille événemens la chaîne peu commune
Trop tard me révéla les torts de la fortune.
Mon devoir, mon bonheur, sont de les réparer.
    C<small>ATHERINE</small>.
C'est m'accabler, seigneur, autant que m'honorer.
Mais j'atteste du moins et le ciel et la terre,
Le peuple qui m'entend, l'époux que je révère,
Qu'en tout temps d'Alexis et du sang de vos rois
Mon devoir, mon amour a respecté les droits;

Qu'heureuse du pardon qu'a prononcé son père,
Portant toujours pour lui des entrailles de mère,
Du trône où, malgré moi, je me vois élever,
J'accepte la moitié pour lui tout conserver.

SCÈNE III.

PIERRE, CATHERINE, LEFORT, MENZIKOFF, GLEBOFF, BORIS, HERMANN, Boyards, Popes, Strélits, etc.

PIERRE.

Que veut Hermann ?

HERMANN.

Seigneur, je conduisais moi-même
Les Germains vers ces lieux où votre loi suprême
Veut qu'on garde Eudoxie, et qu'on la cache aux yeux.
J'arrive sous les murs ; des Strélits furieux
Déjà la hache en main en menaçaient les portes :
Ils n'ont pu soutenir le choc de mes cohortes.

BORIS (à part).

O revers !

HERMANN.

Et des chefs que suivaient ces mutins,
Le plus audacieux est tombé dans nos mains ;
Étranger dans Moscow, je n'ai pu le connaître.

BORIS (*à part*).

Dieu !

HERMANN.

Dois-je à vos regards le faire ici paraître ?

PIERRE.

(*Aux Boyards.*)

Qu'il paraisse, et qu'il tremble. Et vous, si dans vos cœurs
Vous avez en secret partagé ces fureurs,
Tremblez : vous avez vu comment je récompense,
Vous allez voir tomber le poids de ma vengeance.
Je jure que jamais un châtiment plus prompt
Du suprême pouvoir n'aura vengé l'affront ;
Que jamais criminel dans l'horreur des supplices
N'aura de plus d'effroi glacé tous ses complices.
Qu'un exemple terrible....

SCÈNE IV.

Les précédens, ALEXIS (*habillé en Strélits et conduit par la garde allemande*).

CATHERINE.

Ah ! Dieu !

PIERRE.

Ciel !

BORIS (*bas*).

Alexis !

PIERRE (*avec effort*).

Mes sermens sont sacrés ; ils seront accomplis.

TRAGÉDIE.

(*A Alexis.*)

Eh quoi! je me flattais que la voix de ton père
Aurait touché ton cœur, fléchi ton caractère;
Que de l'honneur enfin tout prêt à t'éclairer,
Un rayon dans ton ame aurait pu pénétrer:
Et tu me trahissais, perfide!

ALEXIS.

J'en fais gloire.
Vos soldats à mes mains arrachent la victoire
Sans arracher encor de ce cœur ulcéré
Le généreux espoir dont il fut enivré :
D'autres vont l'accomplir, et ramener ma mère
A la place qu'usurpe une esclave étrangère.
Nous ne prétendions pas, au prix de votre sang,
Effacer son opprobre et lui rendre son rang :
Mais pouviez-vous penser que nos mains criminelles
S'armeraient pour frapper de prétendus rebelles?
J'avais, pour vous tromper, fait un coupable effort.
Je vous promis mon bras, c'est-là mon seul remords.
Et vous qui m'entendez, ne puis-je dans vos ames
De l'antique vertu ressusciter les flammes?
Laisserez-vous traiter comme un vil assassin
Celui qui pour vous seuls avait armé sa main?
Menacés de mon sort, que mon danger vous touche!
L'honneur et l'intérêt vous parlent par ma bouche.

PIERRE.

Où l'emportent, grand Dieu! sa haine et sa fureur?
Insensé! de ton sort ne vois-tu pas l'horreur?

ALEXIS.

Je la vois et la brave.

PIERRE.

Ote-toi de ma vue.

(*A Menzikoff.*)

C'est toi qui m'en réponds. L'espérance est perdue !
(*Menzikoff emmène Alexis. Pierre descend du trône*)

BORIS (*aux siens*).

Venez, marchons. (*Ils sortent.*)

SCÈNE V.

PIERRE, GLEBOFF, CATHERINE, LEFORT.

PIERRE (*à Gleboff*).

Gleboff, sur ce grand criminel,
Interrogez des czars le code solennel ;
Suivez l'antique usage, on y sera docile.
Dans ce lieu, dans une heure, assemblez le concile.
Qu'on juge aussi ce traître aux lois abandonné
Sur ce qu'un père aveugle a tantôt pardonné.
Du destin de l'ingrat le concile est le maître.
Il y verra siéger des complices peut-être.
N'importe : sur le cœur des mortels assemblés
La justice a des droits rarement violés.

TRAGEDIE.

GLEBOFF.

Seigneur....

PIERRE.

Obéissez. Allez: qu'on se retire.
(*A Lefort.*)
Dans l'état où je suis veille encor sur l'Empire.

GLEBOFF (*en s'en allant*).

Que feras-tu, Gleboff?

SCÈNE VI.

PIERRE, CATHERINE.

PIERRE (*tombé dans un fauteuil derrière lequel Catherine se cache au Czar.*)

J'obéis à tes lois,
O devoir! Mais le sang fait entendre sa voix.
Roi pour ce peuple, ici le père se retrouve.
Ah! nul bonheur n'est pur; et ce jour me le prouve.
Qui me consolera?.. Vous m'abandonnez tous!
Toi-même, Catherine....

CATHERINE (*se montrant*).

Elle est auprès de vous.

PIERRE.

J'ai besoin de t'entendre.

CATHERINE.

              Ah! si votre grande ame
S'est quelquefois ouverte aux conseils d'une femme;
Si même bien souvent du plus juste courroux,
Par un mot, un regard, j'ai suspendu les coups:
Puisse aujourd'hui le ciel vous parler par ma bouche,
Prêter à mes accens le charme qui vous touche,
Chasser le trouble affreux qui règne en votre cœur,
Et dissiper du mien la profonde terreur!
Qu'avez-vous ordonné, seigneur? qu'allez-vous faire?

PIERRE.

Mon devoir.

CATHERINE.

      Quel devoir!

PIERRE.

                  Il fait frémir un père.
D'un souvenir affreux il flétrira mes jours;
Mais je le remplirai. Prête-moi ton secours,
Grand Dieu! qui, sur mon front plaçant le diadème,
Ne m'as pas confié cette grandeur suprême
Pour étaler l'orgueil d'une vaine splendeur,
Mais pour conduire un peuple à la gloire, au bonheur.
Quand tu mis sous mes lois cette vaste contrée
De ténèbres couverte et du monde ignorée,
Au rang des nations tu voulus l'élever.
J'ai commencé l'ouvrage, et je dois l'achever.

CATHERINE.

Arrêtez; ils croiront qu'au rang d'impératrice
J'ai voulu m'affermir en pressant son supplice:

Vous ne souffrirez pas qu'un si cruel discours
Flétrisse votre gloire, empoisonne mes jours.
En tout lieu, s'il se peut, qu'on publie au contraire
Que j'ai su vous fléchir pour le fils, pour la mère,
Et mériter un rang au-dessus de mes vœux,
En essuyant les pleurs de tous les malheureux.
C'est alors que l'Empire, et l'Europe attentive,
Sans peine à vos côtés verront votre captive,
Et non lorsqu'un époux du plus pur de son sang
Semble teindre pour moi les degrés de ce rang.
Alexis doit frémir de voir une étrangère
Au rang dont vos rigueurs précipitent sa mère.
En voulant le changer il aggrave son sort :
Ce dévouement d'un fils mérite-t-il la mort?
La cour est consternée et l'Empire murmure.
Eh! que n'excuse pas le cri de la nature!
Gardez-vous d'hésiter entre l'Empire et moi,
Trop de dangers suivraient les dons de votre foi.
Laissez-moi loin du trône et loin de sa lumière
Retrouver de mon sort l'obscurité première.
Seigneur, l'effort heureux qui romprait ce lien
Vous rendrait tous les cœurs sans vous ôter le mien.

PIERRE.

Pour la dernière fois je te pardonne encore
Cette étrange vertu dont ton orgueil s'honore.
Tu connais ton pouvoir, tu me le fais haïr.
Sans toi je ne puis vivre, et tu parles de fuir!

CATHERINE.

Ah! lorsqu'à vos côtés les foudres de la guerre
De morts et de mourans couvraient par-tout la terre;

Lorsqu'un désert sans borne et brûlant sous nos pas
Sous mille aspects hideux nous offrait le trépas;
Quand tout nous trahissait, quand la faim dévorante
Moissonnait votre camp, assiégeait votre tente :
Je n'ai pas fui, seigneur, j'ai bravé près de vous
Tous les traits de la guerre et du ciel en courroux.
Mais si c'est ma présence à ce peuple importune
Qui doit faire à Moscow pâlir votre fortune;
Si ma fuite en effet doit calmer les esprits,
Désarmer la révolte et vous rendre Alexis,
Je saurai fuir.

Pierre.

Pardonne, oui j'adore, oui j'admire
Ces généreux desseins que ton zèle t'inspire.
Sais-tu quel est ce peuple, et que leur souverain
A leurs cris insolens obéirait en vain :
Ils ne se tairaient point, et cette complaisance
Avilirait sans fruit mon rang et ma puissance.
Un prétexte jamais ne manque aux factieux :
Il faut d'un grand exemple épouvanter leurs yeux.

Catherine.

Non, ce sang répandu par une loi cruelle,
C'est sur moi qu'il imprime une tache éternelle.
Tandis qu'au prix du mien je voudrais le sauver,
L'Empire contre moi, prêt à se soulever,
M'en demandera compte; et ce cri d'âge en âge
De nos tristes enfans deviendra l'héritage.
Ah! prenez pitié d'eux, de vous-même et de moi.

SCÈNE VII.

PIERRE, CATHERINE, LEFORT.

LEFORT.

Seigneur, des révoltés venez combler l'effroi;
Paroissez. Les Strélits appeloient le carnage,
Demandaient Alexis avec des cris de rage;
Libre par eux, sa mère accourait à ses cris,
Réclamer à leur tête, et son trône et son fils.
On s'avance, on se mêle autour de cette enceinte;
On dit qu'aux premiers rangs des premiers coups atteinte
Eudoxie a péri....

CATHERINE.
Dieu!

LEFORT.
Son corps palpitant,
De ce peuple en fureur est l'étendard sanglant.
Le bon ordre des miens, non moins que leur vaillance,
Des Strélits cependant contient la violence.
D'un choc tumultueux le désordre et le poids
Sur la foule écrasée est retombé trois fois :
Elle fuit; mais je crains que la rage plus forte
A quelque effort nouveau tout-à-coup ne l'emporte.

CATHERINE.

Enfin vous le voyez, dans ce complot cruel,
Votre malheureux fils n'est pas seul criminel.

Vous saurez tout, seigneur, et quel art détestable
Le séduisit peut-être et le rendit coupable.

PIERRE.

Ah! si le châtiment qui l'attend aujourd'hui,
Aussi prompt que la foudre étoit tombé sur lui,
Du parti qui le sert l'audace forcenée
N'eût pas coûté la vie à cette infortunée.
   (*A Lefort.*)
Mais montrons-leur ce front qu'ils ne soutiendront pas.
   (*A Catherine.*)
Restez.

CATHERINE.

   Non, près de vous je cherche le trépas.
Si je sauve à ce prix mon époux et mon maître,
Ma mort le rendra libre et plus heureux peut-être.

FIN DU QUATRIÈME ACTE.

ACTE V.

SCÈNE PREMIÈRE.

GLEBOFF, FOEDOR.

FOEDOR.

Les juges, convoqués dans les formes antiques,
Se rassemblent déja sous les prochains portiques.

GLEBOFF.

Neuwki, sur son autel, doit solennellement,
Telle est aussi la loi, recevoir leur serment.
Quand les ministres saints que tu dois introduire
Seront tous réunis, tu viendras m'en instruire.

SCÈNE II.

GLEBOFF, *seul*.

Aurais-je pu prévoir qu'à ses longues rigueurs
Pierre eût fait succéder le comble des faveurs!
Je deviens, à ce prix, l'appui du diadème.
Mais, pour garder en paix ma dignité suprême,

J'ai dû craindre Eudoxie, et ses moindres discours
Pouvaient mettre en péril ma fortune et mes jours :
La main qui m'a servi, stupidement cruelle,
Crut frapper une mère à son fils infidèle.
C'était au seul Iwan qu'on pouvait s'adresser,
Iwan à qui nul sang ne coûtait à verser
Sur le moindre soupçon qu'on glissait dans son ame.
D'autres mains ont brisé cet instrument infâme.
Enfin voici l'arrêt tel que Pierre l'attend.

SCÈNE III.

GLEBOFF, CATHERINE.

CATHERINE.

J'ai voulu sans témoins vous parler un instant.
Un sujet animé par un zèle sincère
Souvent, pour mieux servir, ne craint pas de déplaire.
Contre un fils trop coupable un père est irrité,
Et des lois de l'Empire arme la majesté.
Sur une tête auguste on appelle la foudre.

GLEBOFF.

Dans cette extrémité que puis-je faire ?

CATHERINE.

                         Absoudre.
Savoir braver l'exil (c'est le plus grand danger
Où vous jette du Czar le courroux passager).

Empêchons, s'il se peut, qu'une rigueur trop dure
N'altère ici l'éclat d'une gloire si pure.
Tout fléchit devant Pierre : à sa vue, à sa voix
Moscow de son seul maître a reconnu les lois.
Des plus ardens strélits on dit qu'un petit nombre
Ose défendre encor ces murs qui, dans leur ombre,
Naguères d'Eudoxie enfermaient les douleurs.
D'amis désespérés impuissantes fureurs !
D'un parti pour son fils, pour elle si funeste,
Pierre va dissiper ce misérable reste.
Cependant j'ai pensé qu'un ministre de paix
Partageait aujourd'hui mes vœux et mes regrets ;
Que le ciel dans son cœur avait mis la clémence.
Mon estime, Gleboff, sera la récompense
De vos nobles efforts pour sauver Alexis.

GLEBOFF.

Ce langage, madame....

CATHERINE.

En seriez-vous surpris ?
Feriez-vous cette injure et cet outrage insigne
A celle que du trône un grand homme croit digne ?
Ceux qu'un tel choix élève au-dessus des mortels,
Ne portent point, Gleboff, des cœurs bas et cruels ;
Et la même vertu qu'en moi Pierre a chérie
Veut qu'ici de son fils je défende la vie.
Si de tels sentimens vous pouvaient étonner,
C'est à vous de rougir, à moi de m'indigner.

GLEBOFF.

Je ne m'étonne point, j'admire ce langage
Où de votre vertu brille la vive image ;

Mais, madame, on le sait, je n'ai jamais cherché
A voir quelque ascendant à ma voix atttaché.
Au milieu de la cour, étranger aux cabales,
Aux brigues, aux partis d'où naissent les scandales,
Servir les saints autels, adorer et bénir,
Tel est le cercle auguste où j'ai dû me tenir.
Qui sent bien la grandeur de mon saint ministère
Dévoue à le remplir son existence entière.
D'ailleurs du tribunal dont le Czar a fait choix
Vous connaissez la règle, et je n'ai que ma voix;
Mais de tout mon pouvoir secondant votre zèle,
Madame, à vos desirs, ma voix sera fidèle.

CATHERINE.

Si l'exil est le prix d'un noble dévoûment,
La gloire en dédommage, et je vous fais serment
De vous rendre le cœur de ce maître qui m'aime :
Vous aurez pour soutiens Menzikoff, Lefort même,
Malgré cette rigueur dont il fait vanité.
Aux portes du palais, Lefort s'est arrêté :
Il veut que de soldats je sorte environnée,
Et rassure avec lui la ville consternée.
Vous, mettez à profit par des délais heureux
Cette nuit qui déja noircit l'azur des cieux.
Que demain soit un jour marqué par la clémence :
Sous cet auspice heureux que mon règne commence.
De sa propre vertu sauvons Pierre aujourd'hui.
Croyez à son retour, comptez sur mon appui.

(Elle sort.)

SCÈNE IV.

GLEBOFF, *seul*.

CROIRAI-JE à ce discours? mais, fût-elle sincère,
Pierre, un jour, percera ce ténébreux mystère;
Il saura qu'en secret j'inspirais Alexis.
Mon salut veut la perte ou du père ou du fils.
Et du fils, après tout, se peut-il que j'espère
Plus que ne m'offre ici l'aveuglement du père?
Qu'importe qui des deux au trône soit placé,
Pourvu que des autels l'éclat soit rehaussé?
Pourvu que ce grand nom dont Pierre ici m'honore..

SCÈNE V.

GLEBOFF, ORLOFF sous l'habit d'un esclave.

ORLOFF.

QU'A-T-ON fait d'Alexis? est-il vivant encore?

GLEBOFF (*le reconnaissant*).

C'est vous, Orloff? mon œil vous aurait méconnu!
(*Avec contrainte et froidement.*)
Alexis est vivant dans la tour retenu.
Menzikoff y commande, et du prince est le maître.
Mais devant le concile Alexis va paraître.

Orloff.

Un esclave, en ces lieux, marchait d'un pas pressé,
Portant à Menzikoff cet écrit adressé.

(*Il le lui montre.*)

Je le rencontre seul dans un étroit passage ;
Il veut fuir : l'arrêter, me saisir du message,
Le jeter à mes pieds expirant sous mes coups,
Revêtir ses habits pour passer jusqu'à vous,
Tromper tous les regards dans ce désordre extrême,
C'est l'ouvrage du ciel qui me guide et vous aime.
Dans ces murs à présent dégarnis d'étrangers,
Six cents des miens, forcés dans les premiers dangers
A seconder Lefort, et dont le feint hommage
D'un dévoûment sincère a présenté l'image,
Brûlent de profiter de cette utile erreur.

Gleboff.

Voyons ce qu'a tracé la main de l'Empereur.
(*Il lit.*)
« Par-tout, cher Menzikoff, je suis déja le maître ;
» Les Strélits sont forcés, leur asile est détruit.
» Aux portes du palais vous me verrez paraître
    » Avec les ombres de la nuit.
» Iwan près d'expirer a, dit-on, fait connaître
» Que tout ce noir complot... par Gleboff fut conduit.
    » Quel châtiment attend ce traître ?
» ... Pour mon fils, s'il est vrai, déja mon cœur l'absout.
    » Devant le concile sur-tout
» Gardez, cher Menzikoff, de le faire paraître. »

TRAGÉDIE.

(*A part.*)
... Ce billet de l'État vient de changer le sort.

ORLOFF.

Pierre vient dans ces lieux !

GLEBOFF (*avec un enthousiasme affecté*).

Qu'il y trouve la mort.
Tantôt, ici, du ciel expliquant la menace,
Ma voix vous promettait un terme à tant d'audace.
Voici ce terme heureux de tous vos maux soufferts.
Bientôt d'un voile épais les cieux seront couverts ;
Nous aurons avec nous, dans cette nuit obscure,
Les élémens ligués contre un tyran parjure.
Je vais dicter l'arrêt : saurez-vous l'accomplir ?

ORLOFF.

Parlez : six cents guerriers sont prêts à vous servir.

GLEBOFF.

Contenez un instant leur juste impatience.
Ils entendront ma voix, signal de la vengeance.
Il faut tromper le Czar, le priver à la fois
Du fer de ses soldats et du glaive des lois ;
Il faut, dans l'embarras d'un piége inextricable,
Que l'un de nous l'attire, et que l'autre l'accable.
Dans ce palais sur-tout qu'il rentre sans soupçon.

ORLOFF.

J'aime à vaincre au grand jour ; je hais la trahison :
Mais dans ce noir sentier que la foudre environne,
Qui me mène au supplice ou m'approche du trône,
Je vous suivrai.

GLEBOFF.

Gardez de rien précipiter.

SCÈNE VI.

GLEBOFF, *seul.*

Au bord de quel abîme il vient de m'arrêter !
Et toi, dont la ruine est ma seule espérance,
Tu verras qui je suis... Mais mon vengeur s'avance.

SCÈNE VII.

GLEBOFF, ALEXIS, MENZIKOFF, GARDES.

MENZIKOFF (*à Gleboff*).

Vous connaissez du Czar les ordres absolus ?

GLEBOFF.

Oui, de votre captif vous ne répondez plus :
C'est moi seul désormais; et vous pouvez vous rendre
Près d'un père...

MENZIKOFF.

J'y cours.

SCÈNE VIII.

ALEXIS, GLEBOFF.

ALEXIS.

Je ne saurais comprendre,
Gleboff ?

GLEBOFF.

Admirez, Prince, en ses profonds desseins,
Celui qui tient les cœurs dans ses puissantes mains.
Pierre aujourd'hui m'élève au rang de patriarche ;
Et je dois dans ce rang, pour première démarche,
Présider le concile à ma voix assemblé,
Qu'à prononcer sur vous nos lois ont appelé.

ALEXIS.

Quoi ! Gleboff !

GLEBOFF.

Vos amis vont remplir cette enceinte.
Orloff est libre encor : Prince, soyez sans crainte.

SCÈNE IX.

GLEBOFF, ALEXIS, FOEDOR, les membres du Concile.

FOEDOR.

Tous les Juges, seigneur....

GLEBOFF.

Venez, amis, venez;
Un juste effroi se peint sur vos fronts consternés.
Je partage avec vous les angoisses mortelles
Où ce moment affreux plonge vos cœurs fidèles,
Entre un père cruel, destructeur de nos lois,
Et son fils généreux qui s'arma pour nos droits.
Appelés à juger, et, dans ce rang suprême,
Placés moins par le Czar que par le ciel lui-même,
Accomplissons d'abord sa sainte volonté.
Dieu, l'auteur de la vie et de la vérité,
Dit que si trois mortels remplis d'une foi vive,
En son nom réunis, d'une bouche naïve
Des célestes clartés implorent le secours,
Lui-même au milieu d'eux se trouvera toujours.
Il donne la lumière, et la force et l'audace :
C'est à nous d'implorer les rayons de sa grace.
Grand Dieu ! guide, soutiens ces bras armés pour toi;
Aveugle, atteint, détruit ceux qui bravent ta loi !
Non, tu ne peux vouloir qu'un pontife autorise
De l'orgueil d'un tyran la funeste entreprise;

Que du bandeau des Czars sanctifiant l'affront,
Ma main de Catherine en couronne le front;
(*Aux Juges*).

Qu'une esclave...... En ces lieux vous l'avez rencontrée:
Son ame tout entière à mes yeux s'est montrée;
Elle venait, jugeant de nos cœurs par le sien,
Me demander un sang que je paîrai du mien.
—Grand Dieu! quand tu permis le meurtre d'Eudoxie....

ALEXIS.

Ma mère!
GLEBOFF.

Ignorez-vous qu'elle nous est ravie?
Elle tentait pour vous un généreux effort:
Par l'ordre du barbare elle a trouvé la mort.

ALEXIS.

Ma mère! le cruel!
GLEBOFF.

Sa rage impatiente
De ce sang précieux n'est pas encor contente:
Il brûle de montrer aux peuples éperdus
Et la mère, et le fils, dans leur sang confondus.
Lisez l'infâme arrêt qu'un tyran nous commande:
(*Aux Juges.*)
C'est de nous qu'il attend cette exécrable offrande.
Ah! qu'en son propre piége il soit enveloppé;
Qu'au pied de cet autel, par Dieu même frappé,
Il tombe, et satisfasse aux mânes d'Euxodie.
Mais fascinons ses yeux, flattons sa barbarie.
Pour venir confirmer cet arrêt odieux
Nous l'allons voir bientôt accourir furieux.

Il triomphe au-dehors ; mais la mort invisible
Veille dans ce palais, et l'attend plus terrible,
Plus sûre qu'au milieu des hasards d'un combat.
(A Fœdor.)

Je remets en tes mains les destins de l'État ;
Fœdor, va le trouver, dis-lui qu'avec instance
Les Juges assemblés implorent sa présence.
Il pensera trouver les bourreaux de son fils,
Et de tous ses forfaits il trouvera le prix.
Cet écrit à la main, conduis-nous notre proie.
(Fœdor sort.)

SCÈNE X.

GLEBOFF, ALEXIS, FŒDOR, BORIS.

BORIS. (*Il tient une épée ensanglantée.*)

Ah ! prince ! ma douleur souffre un moment de joie.
Je remplis un devoir, un serment qui m'est cher.

ALEXIS.

Quel devoir ? quel serment ?

BORIS.

De vous porter ce fer.

ALEXIS.

Ce fer !

BORIS.

Ce don fatal d'une mère immolée.

ALEXIS.

Ah ! Dieu !

BORIS.

J'ai su près d'elle, en l'horrible mêlée,

Détourner plus d'un trait : mais bientôt plein d'effroi,
Je vois que son ardeur l'emporte loin de moi.
Je vole : entre mes bras elle tombe expirante,
Elle me reconnaît ; et d'une voix mourante :
« Boris, ami fidèle et soldat généreux,
» Prends ce glaive trempé dans mon sang malheureux,
» Qu'on le porte à mon fils, et, s'il vit, qu'il me venge ».
Elle arrache ce fer, elle expire.

ALEXIS.

Ah ! qu'entends-je !

BORIS.

Caché parmi les morts, le tumulte, la nuit,
Et son ombre en courroux devant vous m'ont conduit ;
Je vous porte son ordre.

GLEBOFF.

Ah ! cet ordre suprême
Sans doute est un arrêt dicté par le ciel même.

SCÈNE XI.

GLEBOFF, ALEXIS, BORIS, FOEDOR.

FOEDOR.

Le Czar venait, seigneur : devant lui prosterné,
Je présente l'écrit que vous m'aviez donné.
Attentif, inquiet, long-temps il le regarde ;
Plus calme enfin, d'un signe il disperse sa garde.

Presque seul sur mes pas il s'avance vers vous.

ALEXIS *prenant le glaive en main.*

Ce fer m'est confié ; j'en dois porter les coups.
C'est à moi d'obéir à cet arrêt funeste.
La vengeance ! ô ma mère ! est tout ce qui nous reste.
L'obtenir pour ton ombre est tout ce que je veux :
Je vais venger ta mort par un coup plus affreux.

(*Aux Juges.*)

Allez, armez vos bras. Si cette main s'égare,
Revenez sur mon corps immoler le barbare.

(*A Gleboff.*)

Qu'Orloff suive vos pas. Levez au ciel les mains,
Cher Gleboff.

(*Gleboff et les Popes s'éloignent ; ils passent dans la salle du tribunal.*)

SCÈNE XII.

ALEXIS, *seul.*

Oui, du ciel j'accomplis les desseins.
Grand Neuwki, je te sers, et je sers la patrie.
Qui balance est ingrat, et qui doute est impie.
Ma mère, ne crains pas que ton sang crie en vain :
Je l'entends ; je te vois. Quels coups percent ton sein !
Cessez, cruels ! O reine ! ô mère infortunée !
Sur un lit de carnage indignement traînée,
Ta voix implore un fils ; tu lui montres tes flancs,
Ces flancs qui l'ont porté, déchirés et sanglans.

Tu demandes vengeance, ombre sacrée ! arrête,
Arrête : trop d'horreurs s'assemblent sur ma tête.
Dans mon cœur éperdu, sur mes sens désolés,
Trop de maux en un jour se sont accumulés.
Que m'ordonnent le ciel, et ce fer, et l'Empire ?
Sous le poids qui m'accable à peine je respire.

(Il tombe appuyé sur l'autel et dans le plus grand accablement.)

SCÈNE XIII.

ALEXIS, PIERRE. (*La nuit couvre entièrement le théâtre.*)

PIERRE, *au fond du théâtre.*

Qu'on cherche Menzikoff. Sans doute un faux avis
M'annonçait par Gleboff mes intérêts trahis.
Fermes dans un devoir terrible autant qu'auguste,
Les Juges ont porté la sentence trop juste....
Mais quoi ! si près du lieu qui dut les réunir,
Dans quelle obscurité me vois-je ensevelir ?
Suis-je encore entouré de piéges domestiques?
Soldats, le glaive en main, parcourez ces portiques.
O soupçons renaissans ! ô Gleboff ! Alexis !

SCÈNE XIV.

ALEXIS, PIERRE, MENZIKOFF, Soldats de la suite de Menzikoff avec des flambeaux.

ALEXIS, *sortant de son égarement et ayant l'air de répondre à une voix fantastique.*

J'obéis, je t'entends.....

MENZIKOFF *le saisissant.*

Arrêtez.

PIERRE, *à la lueur des flambeaux.*

Dieu ! mon fils !

MENZIKOFF.

O trop funeste erreur ! ô comble des disgraces !
Je le laisse à Gleboff et vole sur vos traces.
On m'apprend tout ; j'accours : que vois-je ? ô noir transport !
O spectacle pour moi plus cruel que la mort !
Prince, qu'avez-vous fait ?

ALEXIS.

C'est le sang de ma mère,
C'est le ciel que je venge.....

PIERRE.

En immolant ton père !

ALEXIS.

Par la voix de la mort, le ciel l'a commandé ;
Vers cet autel vengeur c'est lui qui m'a guidé.

TRAGÉDIE.

(*A Menzikoff.*)
Tremble, esclave odieux, dont l'audace m'arrête :
Le ciel va te punir, sa foudre est sur ta tête.

PIERRE (*après un moment de silence*).

Dieu ! par quel art affreux l'infortuné, séduit,
A ce comble d'horreur a-t-il été conduit ?
(*Après un moment de réflexion.*)
Qu'il sente, qu'il déteste et leur fourbe et son crime :
Autant qu'il fut cruel, je serai magnanime.
(*A Alexis.*)
Vois jusqu'où va l'effort de ce cœur paternel.
Ton bras peut-être ici s'arma sur cet autel ;
Sous cette image auguste, un pontife perfide
Te fit entre ses mains jurer le parricide.
Je n'examine pas ton crime, mais ta foi.
Ton serment fut horrible ; il fut sacré pour toi.
Eh bien ! par un serment, par une foi plus pure,
De la religion viens réparer l'injure ;
Sur cet autel, au Dieu des pères et des rois,
Jure de respecter mon ouvrage, mes lois.
Je te laisse la vie, et le trône peut-être :
Ton sort est dans tes mains.

ALEXIS.

Vous en êtes le maître,
Frappez : je ne saurais proférer un serment
Que du ciel irrité suivrait le châtiment.

PIERRE.

Des vengeances du ciel celui qui te menace,
Gleboff, cet imposteur dont la fourbe et l'audace

Prétend venger ta mère ; il la fit, seul, périr.

ALEXIS.

Eh bien, Gleboff fut traître, et je serai martyr.

SCÈNE XV.

ALEXIS, PIERRE, MENZIKOFF, HERMANN, Soldats.

HERMANN.

D'Orloff et des Strélits la fureur se ranime.
Gleboff, au nom du ciel, leur dicte un nouveau crime.
Ils viennent...

ALEXIS (*avec transport*).

Me venger !

PIERRE.

C'est trop. Loin de leurs yeux,
Loin des miens, entraînez ce monstre furieux.

(*A Menzikoff.*)

Cet arrêt, quel qu'il soit, confirmé par sa rage,
Il faut l'exécuter : imite mon courage.

(*Il signe, et lui remet l'arrêt.*)

ALEXIS.

Tyran, si mon supplice est prêt avant le tien,
Assouvis ta fureur, ton sang suivra le mien :
Oui, je rejoins ma mère, et tous deux à Dieu même
Nous demandons pour toi la mort et l'anathème.

(*Menzikoff l'emmène.*)

SCÈNE XVI.

PIERRE, HERMANN, Soldats.

Pierre.

Tu sais bien, juste Dieu! toi qui lis dans mon cœur,
Que je venge l'Etat et non pas l'Empereur;
Que ce cœur déchiré, mais au devoir fidèle,
Pardonne à l'assassin et frappe le rebelle.
(*Aux soldats.*)
Vous, dont mille hasards ont signalé la foi,
Voici l'heure : il faut vaincre ou mourir avec moi.
O toi qu'en mes périls je vois toujours paraître,
Viens, chère épouse, viens.

SCÈNE XVII.

PIERRE, CATHERINE, LEFORT, HERMANN, Soldats.

Catherine.

Restez, seigneur; ce traître,
Ce pontife assassin, sur le marbre sanglant
Vainement se débat près d'Orloff expirant.
Au calme d'un héros opposant leur furie,
Sous ses coups redoublés tous deux laissent la vie.

LEFORT.

De ses périls, seigneur, elle ne parle pas.
A travers mille morts précipitant ses pas,
Son audace vers vous guidait notre courage.

PIERRE.

Mon salut en tous lieux, ma gloire, est son ouvrage.
Tu m'as sauvé deux fois.

CATHERINE.

J'en réclame un seul prix.

PIERRE.

Qu'oses-tu demander ?

CATHERINE.

La grace...

PIERRE.

Qu'as-tu dit ?

SCÈNE XVIII, et dernière.

PIERRE, CATHERINE, LEFORT, HERMANN, MENZIKOFF, Soldats.

MENZIKOFF.

C'en est fait, et cet arrêt sévère...

PIERRE (*élevant la voix*).

Amis, j'ai des sujets ; je serai toujours père.

FIN.